Hermann Multhaupt

# Luise Hensel – Ein Leben wie ein Gedicht

Ein biografischer Roman

Hermann Multhaupt

# Luise Hensel

## Ein Leben wie ein Gedicht

*Ein biografischer Roman*

**benno**

Bibliografische Information der Deutschen Nationalbibliothek
Die Deutsche Nationalbibliothek verzeichnet diese Publikation
in der Deutschen Nationalbibliografie; detaillierte bibliografische
Daten sind im Internet unter http://dnb.dnb.de abrufbar.

**Besuchen Sie uns im Internet:**
**www.st-benno.de**

Gern informieren wir Sie unverbindlich und aktuell
auch in unserem Newsletter zum Verlagsprogramm,
zu Neuerscheinungen und Aktionen.
Einfach anmelden unter www.vivat.de.

ISBN 978-3-7462-6304-5

© St. Benno Verlag GmbH, Leipzig
Umschlaggestaltung: Ulrike Vetter, Leipzig
Umschlagabbildung: © Ildiko Neer / Trevillion Images
Gesamtherstellung: Kontext, Dresden (A)

*Luise Hensel, gezeichnet von ihrem Bruder Wilhelm*

$\mathcal{D}$ie ersten Störche ziehen in langen Bahnen am aschgrauen Himmel über das Dorf Linum in der Mark Brandenburg. Eine Weile scheinen sie unschlüssig, wo sie sich niederlassen sollen.

Die Kräuterfrau Gertraude beobachtet die Störche, während sie ihre mit allerlei Pflanzen und Wurzeln bestückte Kiepe auf dem Feldweg abstellt. „Die Stürme des letzten Winters haben an ihren Nestern gezerrt und einige von den Dächern gerissen. Sie werden eine Menge Arbeit haben."

„Aber sie wissen wohl, wo ihr Landeplatz ist", erwidert der Bauer Krautwickel, der die Rinder inspiziert hat, die nach dem langen Winter im Stall jetzt friedlich auf der Weide grasen. „Störche lassen sich nicht irritieren."

Einer der Störche macht Anstalten, den Schornstein eines vornehm wirkenden Hauses anzufliegen.

„Siehst du, er weiß, was Sache ist. Er kennt sich aus."

Gertraude beobachtet, wie der Storch landet und auf dem Dach zur Ruhe kommt.

„Es ist das Haus des Pfarrers Johann Jakob Ludwig Hensel", nickt die Kräuterfrau. „Das hätte ich mir ja denken können, dass die Frau Pfarrer wieder etwas unter dem Herzen trägt." 1794 war das erste Kind der beiden, der kleine Wilhelm, geboren worden. Zwei Jahre später war die Familie nach Linum bei Fehrbellin umgezogen, wo der Vater eine wesentlich besser dotierte Pfarrstelle antreten konnte. Hier kamen Ludwig und Karoline zur Welt und jetzt, am 30. März 1798, folgt ihnen die kleine Luise Maria.

„Was machst du für ein düsteres Gesicht?", fragt Bauer Krautwickel und forscht in den Augen seiner Nachbarin.

„Ich denke, dass das kleine Balg in eine wirre politische Zeit hineingeboren wird. Die Franzosen machen Europa unsicher, Napoleon zieht gegen Ägypten. Seine Landsleute zerstörten den Kirchenstaat."

Was sie nicht weiß: In diesem Jahr 1798 entsteht Joseph Haydns „Schöpfung" und wird im Palais Schwarzenberg in Wien vor einem auserwählten Publikum uraufgeführt. Friedrich Schiller dichtet „Die Bürgschaft", Beethoven arbeitet an seiner 15. Klaviersonate.

Das Havelland ist hier wasser- und torfreich. „Rhinluch" nennt sich das Areal, ein von Erlen beherrschtes Sumpfgebiet, an dessen Trockenlegung sich mancher den Rücken verdirbt, bis fruchtbares Marschland entstanden ist. Der Rhin, ein vom Schilf umsäumtes Nebenflüsschen der Havel, hat die Landschaft über Jahrhunderte beherrscht.

Politische Nachrichten dringen nur auf Umwegen nach Linum. Pfarrer und Gemeinde sind über vieles im Unklaren, doch geblieben ist das Vertrauen in einen gerechten Gott, der geliebt, geachtet, aber auch gefürchtet wird. Pfarrer Hensel weiß, wovon er redet. Er hat im Gegensatz zu seinen Schutzbefohlenen immerhin ein Stück Welt gesehen, wenn auch nur ausschnittweise um die Hauptstadt und aus den Erzählungen seines Vaters, der im Siebenjährigen Krieg eine Feldbäckerei unterhalten hat. Der dem Pietismus zugewandte Hensel war längere Zeit Pastor an der Marienkirche in Trebbin südlich der Landeshauptstadt Berlin.

Linum bietet der Familie endlich den finanziellen Rückhalt, den eine wachsende Gemeinschaft braucht. Ehefrau Johanna Albertina Luise geb. Trost, inzwischen 33 Jahre alt und aus Berlin stammend, ist die Tochter des preußischen Kriegsrates Friedrich Trost und gehört einer finanziell minderbemittelten alten Adelsfamilie an. Ihr Großvater war immerhin Pagenhofmeister in Potsdam.

Damals machten Erweckungsbewegungen von sich reden, vorwiegend im Protestantismus. Kennzeichnend war die Betonung der persönlichen Bekehrung und eine entschieden christliche Lebenspraxis. In vielen Regionen Deutschlands kam es zu dieser Zeit zu Erweckungen meist innerhalb der evangelischen Landeskirchen, denen sich der fromme Pfarrer Hensel anschloss.

*L*uise Marias Geburt fällt auf den Freitag vor Palmsonntag, den 30. März 1798, was ihr später sagt, dass sie am Tage der Sieben Schmerzens Mariä das Licht der Welt erblickte. Im Taufregister stehen noch die Namen der neun Taufzeugen, darunter einige Militärs. Vier Kinder, drei Jungen und ein Mädchen, sind mit den Eltern in Linum eingezogen; ein jedes erhält ein Bäumchen, das den Pfarrgarten ziert. Luises Eltern sind ernste, aber glückliche Menschen, die in Harmonie und gegenseitiger Rücksichtnahme miteinander leben. Luise lobt sie später in den höchsten Tönen, und wird auch selbst von der Mutter innig geliebt.

Luises Charakter schwankt in ihrer Jugend zwischen überschäumender Wildheit und mädchenhaft zarter Schüchternheit. Die ältere Schwester Karoline hat sich immer eine sanfte Kameradin gewünscht, mit der sie im Gegensatz zu den wilden Brüdern nach ihrer Art spielen könne. Doch nun die herbe Enttäuschung. Luise fühlt sich den Jungen eher zugewandt als der ruhigen und in sich gekehrten Schwester. Springen, klettern, laufen – da ist Luise dabei. Und sie weiß sich gegen Störenfriede zu verteidigen. Mit Inbrunst hängt Luise an ihrem zehn Jahre älteren Bruder Wilhelm, mit dem sie „von Kindheit an ein Herz und eine Seele" ist.

*H*e, warum lasst ihr das kleine Mädchen nicht in Ruhe!", weist Luise eine Schar Jungen zurecht, die an der ärmlichen Kleidung eines Mädchens Anstoß nehmen. „Seid froh, dass ihr Eltern habt, die für euch besser sorgen können."

Als die Jungen das Mädchen weiter belästigen und dieses zu weinen beginnt, reißt Luise ein Büschel Brennnessel aus und schlägt es den Übeltätern um die Beine. Ungestraft kommt auch ein anderer Schlingel nicht davon, der sich durch böse Redensarten Sympathien zu erhoffen scheint. Die Achtjährige bindet den Jungen auf dem Kirchhof an einen Baum und verprügelt ihn. Der Junge geht Luise fortan immer aus dem Weg.

„Wo steckt diese wilde Luise nur?", fragen die Geschwister, wenn Luise sich beim Spiel heimlich davongemacht hat.

„Wahrscheinlich hat sie wieder ihre tollen fünf Minuten. Wer weiß, was in ihr vorgeht."

Das geschieht des Öfteren, dass sie sich mitten im lauten Spiel in einen einsamen Winkel zurückzieht und nachdenkt. Mache ich alles richtig? Habe ich heute jemanden beleidigt? Etwas falsch gemacht?

Das neue Jahrhundert vermehrt die Geschwisterschar. Marie wird am 23. August 1800 geboren. Wilhelmine kommt am 11. September 1802 auf die Welt. Der Vater, Pfarrer Hensel, getraut sich, die allseits verehrte Königin Luise um die Taufpatenschaft zu bitten. Und sie sagt durch ein „huldvolles Handschreiben" zu.

Luise sucht derweil nach einem eigenen Verhältnis zu Gott und seiner Kirche. Religion bestimmt ihr Leben in vielerlei Hinsicht. Die Mutter erläutert ihr, was Religion bedeutet. Sie erzählt von himmlischen Dingen, vom Sohn Gottes, der ein Kind geworden ist aus Liebe zu den Menschen. Luise lernt die Gebete, die man ihr vorsagt, die frommen Sprüche, merkt sich geistliche Lieder, die sie nicht genug hören kann. Gerade die religiösen Gesänge üben eine wunderbare Anziehungskraft auf sie aus. Die Geschichten der Bibel beleben Luises Fantasie. Einem Tagebuch vertraut sie ihre Gedanken an. Das poetische Talent ist das Erbe ihrer Mutter, einer feinsinnigen Frau, der sie viel verdankt. Das Glück des einträchtigen Zusammenlebens formt Luises Seele. Der Vater sieht das aufblühende junge Mädchen nicht ohne Besorgnis an.

„Sie ist schön, unsere Luise. Sie wird gewiss eine begehrte Frau. Hoffentlich gerät sie nicht an den Falschen."

Eines Tages sieht er das Mädchen, wie es den Kamm nachdenklich durch das blonde Haar streicht.

„Höre, Kind", ruft der Vater besorgt, „wer zu lange in den Spiegel schaut, dem erscheint die Fratze des Teufels."

Das wird Luise nicht glauben, aber sie kennt auch die Skrupel des besorgten Pastors, ausgelöst durch seine Nähe zum Pietismus, der jede irdische Freude ablehnt. Eines Tages beginnt der Vater zu kränkeln. Aber das ist nicht nur das einzige Übel, das den Himmel verdunkelt. Napoleons Kriegszüge in Deutschland, der Fall des alten preußischen Staates nach der Schlacht bei Jena und Auerstedt, die französische Okkupation – die Folgen verdunkeln auch den Himmel über Linum, das seinen alten Glanz verliert. Die Störche, ja, die Störche tun so, als ginge sie das alles nichts an. Sie klappern auf den Nestern, helfen dem Nachwuchs auf die Beine. Karoline Hensel, die älteste Schwester, wird zur Entlastung des Haushalts bei den Großeltern Trost in Berlin einquartiert. Dort wird sie Zeuge vom Einzug Napoleons am 27. Oktober 1806. Der königliche Hof ist inzwischen nach Königsberg und Memel geflüchtet.

Luise, inzwischen zehn Jahre alt, erfährt, wie des Vaters Gottvertrauen sich auch in dunklen Stunden bewährt. Die anderen Geschwister sind längst eingeschlafen, aber sie hört die Mutter, die Kleidung ausbessert, lautlos vor sich hin weinen. „Sieh nur, wie unsere Kinder in diesem Winter in geflickten Kleidern frieren müssen", antwortet sie auf die Frage nach ihrer Traurigkeit. Pastor Hensel hat gleich eine plausible Antwort parat: „Sieh doch die Kinder selbst an. Sie blühen wie die Rosen und sind gesund und brav. Wenn eins aus der Art schlüge, ja, dann wäre Grund zum Weinen. Aber so?"

Aber dem Pastor geht es nicht gut. Dummerweise wird er in einen Prozess gegen das Oberbergamt verwickelt, das ausgerechnet die besten Stücke seiner zur Pfarrei gehörenden Wiesen requirieren will. Zu allem Überfluss brennen dem Pächter Heitzmann die pfarreigenen Scheunen mit der eingelagerten Ernte ab, sodass er das Pachtgeld schulden muss. Der Tod schleicht wieder ums Haus. Marie, das vierjährige Schwesterchen Luises, stirbt 1804. Dann kostet eine Fieberkrankheit dem 13-jährigen Ludwig im September 1808 das Leben. Ahnt er, dass sein Vater ihm bald ins Jenseits folgen wird? Er vertröstet ihn auf ein baldiges Wiedersehen. Am 8. September 1809 stirbt Pastor Hensel an Schwindsucht. Sein Tod zwingt die Familie zu wichtigen Entscheidungen. Luise setzen die Schicksalsschläge stark zu. Kirchenlieder wie Paul Gerhards „Wir sind nur Gast auf Erden" beeindrucken sie zutiefst.

$\mathcal{D}$as Witwenjahr geht zu Ende. In Linum können die Hensels nicht bleiben. Und so entschließt sich die Mutter, mit ihren Kindern Wilhelm, Karoline, Luise und Wilhelmine – Minna genannt – in ihre geliebte Heimatstadt Berlin überzusiedeln, die sich in den Jahren mächtig verändert hat. Der königliche Hof ist inzwischen aus dem Osten zurückgekehrt, die Franzosen sind abgezogen. Doch dann erschüttert der Tod der beliebten Königin Luise, geborene Prinzessin von Mecklenburg-Strelitz, am 19. Juli 1810 das Land.

Preußen war längst dem „Luise-Fieber" erlegen, einer Begeisterung für die junge Königin Luise, die verheiratet mit Kronprinz Friedrich Wilhelm von Preußen mit 21 Jahren Königin wurde. Ihr natürlicher Charme, ihre verbindliche Art verhalfen Luise schnell zu großer Popularität. Sie wurde zur „Königin der Herzen", förderte Kunst und Kultur im damaligen Berlin. Ihr Einfluss trug maßgeblich dazu bei, die Stein-Hardenberg'schen Reformen in der preußischen Politik durchzusetzen. Ihre Begegnung mit Napoleon im besetzten Preußen hätte möglicherweise einen anderen Verlauf genommen, wenn sie durch die Ungeschicklichkeit ihres Mannes nicht gestört worden wäre. Nach ihrem Tod mit nur 34 Jahren auf Schloss Hohenzieritz wurde Königin Luise am 30. Juli im Berliner Dom beigesetzt.

Der Dichter Clemens Brentano verfasst eine Trauer-Kantate, die von dem Komponisten, Hofkapellmeister und Schriftsteller Johann Friedrich Reichardt vertont wird. Was die heranwachsende Luise Hensel in dieser dunklen Zeit empfindet, macht sie mit sich selbst aus.

*H*at Napoleon bei seinem Abzug doch die Pensionskasse mitgehen lassen!"
Die allgemeine Wut über den Franzosen steigert sich, je mehr die Folgen bekannt werden. Auf das erwartete Witwengehalt von 300 Talern muss der Haushalt der Johanna Albertine Hensel vorerst verzichten. Sie hat eine kleine von Linden umsäumte Wohnung an der Ecke Markgrafen- und Lindenstraße bezogen. Karoline ist der Mutter eine große Hilfe im Haushalt, der 16-jährige Wilhelm entwickelt seine zeichnerische Begabung und wird Schüler der Kunstakademie. Wo er nur kann, organisiert er ein Stück unbeschriebenes Papier, auf dem er zeichnen kann.

„Man ist vor dir ja nicht einmal im Schlaf sicher", meint die Mutter, aber es klingt nicht vorwurfsvoll, eher anerkennend. Denn Wilhelm hat Talent. Er wird es weit bringen. Wilhelmine, Minna genannt, ist jetzt acht Jahre alt und bedarf noch der Fürsorge der Mutter.

Luise besucht von 1811 bis 1812 die Realschule in der Kochstraße, als „beste Töchterschule" bekannt. Sie ist eine der besten Schülerinnen mit ausgezeichneten Zeugnissen. Ihre Stickereien sind so perfekt, dass sie dadurch den Haushalt der Mutter unterstützen kann.

Die in der Realschule erworbenen Kenntnisse reichen Luise nicht. Der hier verabreichte kritische Religionsunterricht, der sich so ganz vom Ton des bibeltreuen Vaters abhebt, löst in ihr manche Fragen, aber auch manche Zweifel aus. Entspricht das Weltbild der Bibel noch der Realität? Im Jahre 1811 erscheint von August bis September ein großer Komet am Himmel und wird als Zeichen für große Veränderungen gedeutet. „Die Astronomie", schreibt Luise später in ihr Notizbuch, „war in meiner frühen Jugend meine Leidenschaft." Nächtelang beobachtet sie in der nahen Sternwarte mit Direktor Johann Elert Bode den von Sternen übersäten Himmel und fragt sich, wie Gott sich bei dieser Unermesslichkeit seiner Schöpfung noch um den einzelnen Menschen kümmern kann. Solche und andere kritische Fragen vermehren Luises Unruhe. Darüber aber kann sie mit niemandem sprechen, nicht einmal mit ihrer Mutter. Später schreibt sie: „Die Astronomie und der etwas deistische Religionsunterricht wurden meinem Glauben zur Klippe, und ich quälte mich mit furchtbaren Zweifeln, die ich niemandem anvertraute, da ich fürchtete, auch anderen dadurch schaden zu können." Dann aber, nach langer Ungewissheit, wächst Luises Glauben an Christus und die von ihm gegründete Kirche wieder.

Die Mutter hat von den inneren Kämpfen ihrer Tochter nichts geahnt. Sie hofft, dass sie im Sinne ihres Vaters, des getreuen Pfarrers, zum Altar schreitet, um sich konfirmieren zu lassen. Luise schließt mit Gott einen Pakt: Sie will sich zum Christentum bekennen und den Taufbund erneuern, aber sich keinesfalls an eine bestimmte Konfession binden. Es ist der 31. März 1813.

*P*reußen erklärt Frankreich den Krieg. Kurz vor Luises Konfirmation ist endlich die Zeit gekommen, um die Last der siebenjährigen Fremdherrschaft abzuschütteln. Der Dichter Joseph von Eichendorff spricht von einem „blutigen Morgenrot einer neuen Zeit". König Friedrich Wilhelm III. ruft sein Volk am 17. März 1813 zur Befreiung Deutschlands auf. Unter den Freiwilligen, die zum Heer strömen, ist auch Luises 19-jähriger Bruder Wilhelm. Er unterbricht die Arbeit an der Kunstakademie, wo er die ersten Lorbeeren erntet, denn durch seine Illustrationen für Taschenbücher und Almanache, Zeichnungen und Radierungen leistet er seinen finanziellen Beitrag für den Haushalt der Mutter, und folgt seiner patriotischen Begeisterung. Luise hätte sich ihm gern angeschlossen und bedauert, kein Mann zu sein. Sie opfert Schmuck für die „heilige Sache" und hätte sich den „kühnen Jungfrauen" gern zugesellt, die mit den Wehrwilligen ins Feld ziehen. Wilhelm tritt dem neu errichteten Garde-Kosakenregiment bei und gehört zu den Kämpfern in den Schlachten bei Lützen und Bautzen und schließlich in der Völkerschlacht bei Leipzig. Wilhelm erlebt in beiden großen Feldzügen 1813 und 1815 die Stadt Paris und kehrt als Leutnant des ersten Pommerschen Landwehr-Kavallerieregiments in die Heimat zurück.

Er hat den Louvre und andere Kunstsammlungen besucht und gewinnt Eindrücke, die ihm in Berlin gesellschaftlich von Nutzen sind. Mit ihm betritt Schwester Luise die Salons der feinen Gesellschaft.

Luise, um den fernen Bruder besorgt, verfasst ihm ein Gedicht:

### An meinen frommen einzigen Bruder

*Ich denke dein, wenn mir Aurora strahlet*
*und wenn die goldne Mittagssonne glüht,*
*wenn Spätrot mir die Wange höher malet,*
*wenn Hesper\* nur die stillen Tränen sieht.*

*Ich denke dein, wenn Nacht das Tal umdüstert*
*und Luna blickt aus hoher Lüfte Raum,*
*selbst wenn der Mohnkranz mir die Stirn umflüstert,*
*dann seh' ich dich im leisen Taumeltraum.*

*Ich denke dein, wo hohe Eichen schatten,*
*wo dämmernd nur das grüne Dunkel tagt,*
*im Fichtenwald, auf bunt geschmückten Matten,*
*am Wasserfall, wo Philomele klagt.*

*Ich denke dein, wo Trauermelodien*
*mir widertönt der leise Widerhall,*
*wo Veilchen sanft auf grünem Rasen blühen,*
*ich denke dein, o Bruder, überall.*

*Ich denke dein, wie junge Bräute pflegen,*
*wenn man den Liebling grausam ihnen nahm,*
*mit Tränen, Flehn und süßem Schwestersegen,*
*im treuen Busen banger Sehnsucht Gram.*

*Ich denke dein mit heiligem Entzücken,*
*Mit hohem Stolz, dass ich dir Schwester bin,*
*mit Sehnsucht dich an meine Brust zu drücken,*
*ich denke dein mit liebevollem Sinn.*

*So denk' ich dein! Auf allen meinen Wegen*
*glänzt mir dein Bild, gehüllt in Dämmerschein.*
*Und immer wallt mein Herz nur dir entgegen*
*und immer denk' ich nur mit Liebe dein!*

*\*Hesper = griechisch, Abendstern*


*W*ilhelm hat von seiner Schwester Luise schon manches Porträt gezeichnet und im Bekannten- und Freundeskreis herumgereicht. Andere erbitten Kopien. Luise ist zweifellos schön. Ihr Gesicht auf dem Bild ist ernst, die Augen unter dem welligen Haar schauen nach links. Was sehen sie? Unter dem feinen Hals breiten sich die weißen großen Flügel eines gezackten Kragens aus.

Im Haus des Juristen, Verlegers und Schriftstellers Julius Eduard Hitzig sammeln sich literarische Persönlichkeiten. Der Dichter des „Zauberrings" und der „Undine", Baron Friedrich Heinrich Karl de la Motte Fouqué, der wunderliche, aber vielseitige E. T. A. Hoffmann, Adalbert von Chamisso und andere Romantiker finden sich zu einem lebendigen Gedankenaustausch ein, von dem Luise profitiert. Der aufgeschlossene Gastgeber dieser Runde ist Hitzig, Ratgeber, Vertrauter, den Luise Hensel als väterlichen Gönner verehrt. Für dessen Kinder schreibt Hoffmann das Märchen „Nussknacker und Mausekönig" unter Verwendung ihrer eigenen Namen. Adalbert von Chamisso ehelicht eine Pflegetochter Hitzigs. Mit

Chamissos Schwägerin, Emilie Piaste, die im Haus ein und aus geht, schließt Luise Freundschaft.

Damals existieren weitere Salons in Berlin, der einzigen Stadt im Heiligen Römischen Reich mit mehr als 100 000 Einwohnern. Im Treff der Henriette Herz oder der Rahel Varnhagen beschäftigen sich die Frauen mit typisch weiblichen Lebenssituationen, mit Verliebtheit, Verlobung, Hochzeit, Mutterglück, Witwenzeit. Anders in einem gehobeneren Salon: Donnerstags versammelt sich ein ausgewählter Kreis im Haus des Staatsrates Friedrich August von Staegemann und dessen Gattin Elisabeth, deren Tochter Hedwig, Dichterin, Malerin und Salonnière, eine ungewöhnliche Faszination auf die Gäste ausübt. Staegemann ist 1806 durch Heinrich Friedrich Karl Reichsfreiherr vom und zum Stein als Finanzrat und Leiter der Königlichen Bank nach Berlin gekommen. Kein Wunder, der Umgang mit Gästen wie Achim und Bettina von Arnim und Heinrich von Kleist wirkt auch auf Wilhelm und Luise Hensel überaus anregend. Einen nachhaltigen Eindruck macht der allseits beliebte General Graf von Gneisenau auf die junge Luise. Sie bringt den Anhänger der Stein'schen Reformen und wichtigsten Gegenspieler Napoleons in den Befreiungskriegen dazu, ein Stück aus seiner Kinder- und Jugendzeit zu erzählen, was ihr offenbar nicht schwerfällt, denn Luise ist in der Gesellschaft dieses Hauses überaus beliebt. Helmina von Chézy, eine deutsche Journalistin, Dichterin und Librettistin, urteilt später: „Luise Hensel gehörte zu den Zierden des anmutigen Kreises, den das Staegemann'sche Haus in sich vereinte."

„Darf ich dir einen Kameraden aus der gemeinsamen Militärzeit vorstellen?"

An einem Donnerstagabend geleitet Wilhelm Hensel seine Schwester zu einem neu eingetroffenen Gast. „Er heißt auch

Wilhelm und ist ein Dichter, mehr aber schätze ich unsere gemeinsamen Erlebnisse aus den Befreiungskriegen."

Der junge Mann macht ein verlegenes Gesicht. „Schade, dass er meine Gedichte so wenig zu loben weiß", antwortet er und verbeugt sich charmant. Luise erkennt, dass seine Augen von einem sanften Flor umgeben sind, die seinem Gesicht ein leicht trauriges Aussehen geben.

„Nun sei nicht so empfindlich", versucht der Bruder die Situation zu retten. „Ich bestreite nicht, dass du einen ausgezeichneten Ruf als Poet genießt."

Luise gewinnt das Zutrauen des jungen Mannes, der vier Jahre älter als sie selbst ist. Im Laufe der Abendveranstaltung sucht er wiederholt ihre Nähe. Sie erfährt, dass seine Mutter und die Geschwister früh gestorben sind und dass er ein Philosophiestudium in Berlin absolviert hat. Der Vater, ein Schneider, ist durch längere Krankheiten wiederholt in finanzielle Schwierigkeiten geraten und hat inzwischen eine wohlhabende Witwe geheiratet. Derzeit arbeitet Johann Ludwig Wilhelm Müller als Gymnasiallehrer für Geschichte sowie der lateinischen und griechischen Sprache in seiner Heimatstadt Dessau. Als Luise sich aufgefordert fühlt, Details aus ihrem Leben zu berichten, wundert sie sich, wie viel Müller schon bekannt ist.

„Mein Bruder ist wohl ein echtes Klatschweib", schüttelt sie den Kopf. Dem aber widerspricht Wilhelm. „Ich habe durch Ihren Bruder viel über Sie gehört und war neugierig, ob sich die Schilderungen an der Wirklichkeit messen lassen."

„Ja, und?"

„Ich bin vollauf zufrieden, gnädiges Fräulein."

Luise entspricht dem Zeitgeschmack: Sie ist nicht nur jung und hübsch, sondern auch gebildet und voller Liebreiz. Kein Wunder, dass sich Wilhelm Müller in sie verliebt und mit Gedichten bedenkt – und am Ende ein unerhörter Bittsteller ist. Er scheut sich nicht, das Hensel-Haus zu betreten. Die jungen Menschen diskutieren, tauschen Gedichte, gehen spazieren. Allerdings sind sie so gut wie nie allein, und so bleibt Wilhelm Müller keine Gelegenheit, seine Gefühle für Luise zu offenbaren.

Inzwischen haben Wilhelm und Luise bei Staegemanns weitere erlauchte Gäste wie den Schriftsteller und Hofrat am Königlichen Museum, Friedrich Förster, kennengelernt. Er ist der zweite Sohn des Pfarrers und Kirchenlied-Dichters Karl Christoph Förster. Zu Beginn der Befreiungskriege gehört er mit Theodor Körner zu den Lützow'schen Jägern, einem Freiwilligenverband der preußischen Armee in den Befreiungskriegen 1813 bis 1815.

In einer ruhigen Stunde unterbreitet Wilhelm Müller der Gemeinschaft seinen Gedichtzyklus „Die schöne Müllerin". Der Zyklus ist eine Gedichtsammlung mit „Sieben und siebzig nachgelassenen Gedichten aus den Papieren eines reisenden Waldhornisten". Ein junger Müllerbursche folgt auf der Wanderschaft dem Lauf eines Baches, der ihn zur Mühle führt. Dort verliebt er sich in die Tochter des Mühlenbesitzers. Sie scheint seiner Werbung zunächst nicht abgeneigt, doch dann gibt sie einem Jäger den Vorzug. Der verzweifelte Müllergeselle ertränkt sich im Bach.

„Und was geschieht nun mit den Texten?" Luise ist von der traurigen Liebesgeschichte tief ergriffen.

„Ich habe sie dem Komponisten Franz Schubert übereignet. Er wird 20 von den 25 Gedichten vertonen."

„Meinen Glückwunsch! Freuen Sie sich denn gar nicht? Sie machen ein so trauriges Gesicht."

Eine Weile zögert Wilhelm die Antwort hinaus. „Wie soll ich mich freuen, wenn ich mich in der Rolle des armen Müllerburschen sehe und Sie die schöne Müllerin sind?"

*L*uises Mutter wohnt in einem Bauernhaus „zwischen Bäumen, Büschen und grünen Wiesen". Karoline ist inzwischen verheiratet und ist mit ihrem Mann nach Stettin gezogen. Obschon so abgelegen, ist das Haus Anziehungspunkt für viele junge Leute, die sich um den Maler Wilhelm Hensel scharen, von hier aus zu Wanderungen aufbrechen, aus den Fischerhütten Krebse mit heimbringen, die Frau Hensel für sie aufbereitet. Luise hat das lustige Leben eine Weile mitgemacht. Dann aber kehrt sie sich wieder ihrem eigentlichen Anliegen zu: der Religion. Sie ist nun mal der Mittelpunkt ihres Lebens. Zum Abschied dichtet sie:

*Bald dreht' ich mich in bunten Tänzen*
*und träumte nur von Tand und Scherz.*
*Ich tat an schnöden Festen glänzen*
*und war geschmückt mit eitlen Kränzen*
*und hatte doch kein ruhig Herz.*

Eines Tages erscheint ein Schuster und bringt ihr ein altes, mit seltsamen Zeichen versehenes Buch.
„Er war ein Zunftgenosse, Fräulein, aber ich kann mit den Worten nichts anfangen. Wenn Sie Interesse haben …"
Es sind Schriften des Görlitzer Philosophen Jakob Böhme aus dem 16. Jahrhundert. Mit Heißhunger verschlingt Luise den Band und kann nicht aufhören zu lesen. Eine kraftvolle Sprache schlägt ihr entgegen. Sie fühlt sich fortgerissen von den mystisch-theologischen Aussagen. Doch dann stößt sie auf eine Stelle, die sie erschaudern lässt: Mitten in der Hölle habe der Autor sämtliche Päpste ohne Ausnahme brennen sehen. Luise ist erzürnt. Sie stößt auf ein Kapitel, das die Form einer Brieftasche hat, besonders gebunden ist und mehrere Siegel trägt.
„Wer nicht glaubt, dass der Inhalt dieses Kapitels so wahr ist wie

das, was die Evangelisten berichtet haben, der wage nicht, diese Siegel zu lösen." Es ist tiefe Nacht, alles still. Da ergreift Luise das schwere mit silbernen Schnallen versehene Buch und knallt es auf die Erde. Die Mutter im Nebenzimmer fährt erschrocken aus dem Schlaf: „Was ist, Kind?"

„Nichts Mutter, es ist nur ein Buch zu Boden gefallen."

Tags darauf bringt sie entrüstet dem Schuster das Machwerk zurück. Die Frage nach der wahren von Christus gestifteten Kirche drängt sich ihr wieder auf. Sie kennt nur die Bibel in der Übersetzung Luthers, sie kennt das Apostolische Glaubensbekenntnis, wie soll sie die wahre Kirche erkennen, wenn es eine lutherische, eine calvinistische, eine Herrnhuter und Böhmische-Brüder-Kirche gibt? Was hat Luise von der alten katholischen Kirche bis dahin gewusst? Sie fängt an, „die Wahrheit in der katholischen Kirche zu ahnen", wie sie selbst schreibt, besorgt sich Schriften; einen katholischen Katechismus gibt es in ganz Berlin nicht.

*1816* – ein Donnerstagabend Anfang September. Luise Hensel kommt von Schöneberg, dem ländlichen Vorort von Berlin, in die Stadt. Sie freut sich auf die Gespräche im Staegemann'schen Haus. An diesem Abend trifft sie nur auf drei Personen: den Sohn August, eine Gesellschaftsdame, die den Haushalt führt, und einen Freund der Familie, der hier wohnt.

„Heute werden Sie einen geistreichen Menschen kennenlernen", bemerkt August Staegemann, der neben Luise auf dem Sofa Platz genommen hat.

„Wer ist dieser Herr? Ich kenne ihn nicht."

„Er ist katholisch – und ein bisschen unheimlich."

Die Bekanntschaft mit einem Katholiken zu machen, erregt

Luises Herz. Endlich gewinnt sie einen kompetenten Gesprächspartner.

„Wie gesagt, er ist sehr geistreich", sagt August Staegemann.

„Nun, wenn er weiter nichts ist als geistreich, so kann er trotzdem ein unglücklicher und erbärmlicher Mensch sein."

„Guten Abend!"

Die Flügeltüren zum Vorzimmer haben sich geöffnet, das gedämpfte Licht fällt auf einen Herrn, der auf die versammelte Runde starrt. Unbefangen erwidert Luise seinen Gruß und bietet ihm einen Platz auf dem Sofa an. Brentano starrt sie einen Augenblick düster an. „Mein Gott, wie gleichen Sie meiner verstorbenen Schwester Sophie! Die ist im Winter 1800 mit 24 Jahren gestorben."

„Es ist mir lieb, dass ich Ihrer Schwester gleiche", entgegnet Luise Hensel. Brentano ist zu einer Autorenlesung gekommen und seine Nachbarin bittet ihn, mit der Lesung zu beginnen. Die Gesellschaft ist inzwischen komplett, Brentano liest aus „Viktoria" und dann aus „Die „Gründung Prags". Der Dichter hinterlässt einen hervorragenden Eindruck sowohl bei der Themenauswahl als auch beim Vortrag mit seiner klangvollen Stimme. Er wird eingeladen und von jetzt an öfter zu den Staegemanns'chen Abenden zu erscheinen.

Clemens Brentano ist 38 Jahre alt und hat bereits ein stürmisches Leben hinter sich. Unter seinem Krauskopf schauen zwei stechende Augen hervor, die meist irgendein Ziel zu suchen scheinen. Vielleicht hätte die von ihrem Mann getrennt lebende Dichterin Sophie Mereau, eine der ersten deutschen Berufsschriftstellerinnen, die zu Lebzeiten als neuzeitliche Sappho und „Sängerin des Frühlings und der Liebe" gefeiert wurde, ihm Halt gegeben. Doch sie wurde ihm durch den Tod entrissen. Keine neun Monate später entführt Brentano die minderjährige Auguste Bußmann, Mündel eines Frankfurter Bankiers, und löst damit einen Skandal aus. Sie heiraten im Dom zu Fritzlar, doch das ungleiche Paar wird nach einem skandalträchtigen Zusammenleben schließlich geschieden.

Die 18-jährige Luise Hensel erscheint Brentano nun wie ein rettender Engel in seinem chaotischen Leben. Doch was Luise in ihm sucht, aber nicht findet, ist sein Katholizismus. „Ich war schon katholischer als er, als ich ihn kennenlernte", bemerkt sie später. Brentano rät ihr, „eine einfache lutherische Magd zu bleiben", doch Luise entgegnet: „Gehen Sie mir weg mit Luther. Den habe ich nie leiden können."

„Lesen Sie das siebte Kapitel des Römerbriefes, da steht mein Zustand", offenbart Brentano eines Abends im Haus Staegemann der jungen Luise. „Sie meinen das achte", gibt Luise lächelnd zurück. „Was hilf es, das Sie mir, einem jungen Mädchen, das sagen? Sie sind so glücklich, die Beichte zu haben. Sie sind Katholik. Sagen Sie Ihrem Beichtvater, was Sie bedrückt."

„Das muss ich mir von einer lutherischen Pfarrerstochter sagen lassen?"

Es bleibt der Gesellschaft nicht verborgen, was die beiden miteinander reden, zumal Brentano in heftiges Schluchzen ausbricht.

„Was sagt der Herr Clemens?", fragt der Gastgeber Luise irritiert.

„Fragen Sie ihn bitte selbst. Wenn er es sagen will, ist es in Ordnung."

Brentano ist in Liebe zu der jungen und schönen Gesprächspartnerin entbrannt. Er meint, ohne sie nicht mehr leben zu können. Seinen Heiratsantrag lehnt Luise Hensel jedoch kategorisch ab.

„Ich denke, Sie hatten zweimal Gelegenheit dazu, und es ist nicht gut gegangen. Nein, ich habe andere Ziele." Welche

Ziele das sind, verrät Luise nicht. Es ist auch zu früh anzu-deuten, dass sie möglicherweise gar nicht heiraten, sondern sich einer der geistlichen Ordensgemeinschaft anschließen will. Sie kann Brentano Schwester und Freundin sein, mehr nicht. Brentano ist untröstlich. Eine Weile sehen sie sich nicht. Doch ein harmonisches Weihnachtsfest darf Brenta-no im Hause Hensel verbringen. Er schwärmt noch später davon in seinen Briefen. Allmählich kehrt innere Ruhe bei ihm ein und er findet zu seiner Kirche zurück. Und zu Luises Gedichten und Liedern meint Brentano in einem Brief an seinen Bruder: „Diese Lieder haben zuerst die Rinde über meinem Herzen gebrochen, durch sie bin ich in Tränen zer-flossen, und so sind sie mir in ihrer Wahrheit und Einfalt das Heiligste geworden, was mir im Leben aus menschlichen Quellen zugeströmt." Wie bei Brentano, so distanziert Luise Hensel sich auch vom Liebeswerben anderer Männer. Dazu fallen ihr 1816 diese Verse ein:

*Du liebst mich, weil durch braunes Haar*
*sich schlingt der grüne Lebenskranz.*
*Weil frisch und voll der Wangen Pracht*
*und leicht der Fuß sich hebt im Tanz.*

*O, armer Jüngling! Wisse, bald*
*ist all das hin, was du geliebt,*
*geknickt die blühende Gestalt,*
*die jetzt den Zauber auf dich übt.*

*Denn eine Blume bin ich nur,*
*und kurz ist alles Erdenblühn;*
*drum suche ew'ger Schöne Spur,*
*ihr weihe deines Herzens Glühn.*

Die Mutter Johanna Albertina Hensel wird noch im November 1816 nach Stettin gerufen. Luises Schwester Karoline, die mit dem Offizier Friedrich Rochs verheiratet ist, erwartet ihr zweites Kind. Am 9. Dezember kommt es freudig begrüßt auf die Welt, doch bereits 14 Tage später meldet die Mutter den Tod ihrer Tochter und ihres Enkelsohnes. Letzter Wunsch der sterbenden Karoline ist, Luise möchte sich des kleinen Rudolf annehmen und ihn erziehen.

In der Zwischenzeit ist Luise erkrankt. Der Tod der Schwester und die ihr übertragene Erziehungsaufgabe erleichtern die Gesundung nicht. Die 14-jährige Schwester Minna tut ihr Bestes, die Kranke zu versorgen. Im Bett, bei Mondlicht, notiert Luise auf das bunte Papier der Arzneiflaschen Gedichte.

Trotz aller Not weiß Luise sich in den Armen Gottes geborgen. Ihr wohl bekanntestes Gedicht, das ihren Tod überdauert und beredtes Zeugnis ihres Glaubens und Gottvertrauens ist, findet seit diesem Herbst 1816 immer wieder den Weg in die Öffentlichkeit. Diese Verse machen die Dichterin berühmt:

*Müde bin ich, geh' zur Ruh',*
*schließe beide Äuglein zu:*
*Vater, lass die Augen dein*
*über meinem Bette sein!*

*Hab' ich Unrecht heut' getan,*
*sieh es, lieber Gott, nicht an!*
*Deine Gnad' und Jesu Blut*
*macht ja allen Schaden gut.*

*Alle, die mir sind verwandt,*
*Gott, lass ruhn in deiner Hand!*

*Alle Menschen, groß und klein,*
*sollen dir befohlen sein.*

*Kranken Herzen sende Ruh',*
*nasse Augen schließe zu!*
*Lass den Mond am Himmel stehn*
*und die stille Welt besehn.*


*B*rentano ist Pate bei Karolines zweitem Kind. Er findet sich jetzt regelmäßig im Hause Hensel ein, wo er seinen genialen Geist versprüht, aber nach dem Zeugnis der Mutter und ihres Sohnes Wilhelm „lieb, wenngleich oft schwer zu ertragen" ist.

„Der Clemens ist mir unheimlich. Halte Abstand, Luise. Er hat zwei Frauen verführt und wie ich sehe, macht er auch dir schönen Augen. Sei dir zu schade für seine Avancen."

Luise ist von Clemens recht angetan, obgleich sie ihm ihre Meinung gesagt hat. Etwas in ihr warnt sie vor näheren Kontakten. Seine Berühmtheit übt eine bestimmte Faszination auf sie aus. Er ist in ganz Deutschland durch seine schriftstellerischen Werke bekannt. Brentano erhält bei den Hensels dagegen auch manche Anregung, so zu seiner Geschichte „Vom braven Kasperl und dem schönen Annerl". Andererseits drängt er Luise, ihre Poesie nicht zu vernachlässigen und der Öffentlichkeit vorzustellen. Ermuntert von Achim von Arnim, Ludwig Tieck, Adalbert von Chamisso und Max von Schenkendorf wählt sie den Künstlernamen „Ludwiga". Denn schreibende Frauen sind der schreibenden Männerwirtschaft noch suspekt. Ihre ersten Veröffentlichungen verdankt Luise ihrem Freund Clemens Brentano.

Bald schon tritt in ihrem Leben eine große Veränderung ein. Heinrich August Alexander Wilhelm Freiherr von Werther, zuletzt preußischer Gesandter in Mailand, bietet Luise die Stelle einer Erzieherin in seinem Hause an, wobei die Freiheit, eigene Interessen zu verfolgen, großzügig gewährt wird. Seine und seiner Gemahlin, der Gräfin Josephine von Sandizell, gemeinsame 14-jährige Tochter Josephine soll Unterricht in Deutsch und einigen anderen Fächer erhalten. Die Nacht und den größten Teil des Vormittags darf Luise bei ihrer Familie bleiben, wo sie sich den Kindern ihrer verstorbenen Schwester Karoline widmet und den Haushalt mit Näh- und anderen Arbeiten unterstützt. Was Luise überaus schätzt, ist die Bekanntschaft mit dem Propst von St. Hedwig, Taube, der die katholische Gräfin von Zeit zu Zeit aufsucht und nun auch für die religiös unruhige Luise ein willkommener Gesprächspartner wird. Der Katechismus von Bruns, „noch in der alten Ausgabe", ist für sie wie ein Allheilmittel. Hier findet Luise Antwort auf ihre drängendsten Fragen. „Katholisch bin ich eigentlich wohl nicht geworden, sondern von Kindheit an gewesen", bekennt Luise, „und ich glaube, dass alle Kinder es sind und nur nachher durch anders gesinnte Leitung in eine fremde Richtung gewiesen werden."

Ein insgeheim geführtes Tagebuch ist eine stete Begleiterin der jungen, suchenden Luise Hensel. Die ständigen Eintragungen verhelfen ihr zum Vergleich ihrer seelischen Entwicklung. Sie nimmt sich sehr ernst und ohne Vorbehalte vertraut sie dem Tagebuch auch Erfolge und Rückschläge an. Das Tagebuch sollte ihr „heilsam sein, weil es eine schriftliche Sammlung, Buße und Selbstbeschauung sein sollte". Parallel zu diesem Werk strenger Selbstprüfung widmet sich Luise dem Studium des Katechismus. „Die Gnade drängt vorwärts, die Natur zagt und schreit um Hilfe, an eigener Kraft verzagend." So kommen die wechselnden Stimmungen ihres Seelenzustandes fast täglich zum Ausdruck. Momente tiefsten Friedens werden von

Selbstanklagen überschattet, von Hilferufen an Gott und innigen Gesprächen mit ihm. Manchmal entstehen aus solchen Augenblicken Lieder, die sie schnell zu Papier bringt. Einmal schließt Luises Abendgebet mit dem Lied „Neige dich zu deinem Kinde", einige Tage später endet die Selbsterforschung im Lied „Auch heut hab ich dich oft vergessen".

### Selbsterforschung am Abend

*Auch heut hab' ich dich oft vergessen,*
*nach meinem Heil nicht viel gefragt:*
*Getrunken hab' ich und gegessen*
*und dir, o Gott, nicht Dank gesagt.*
*Wie kann es sein, dass meine Seele,*
*o einzig Gut, dich so vergisst?*
*O richte nicht, bis meine Seele*
*in dir, o Gott, befestigt ist!*
*Du hast die Stimme mir gegeben,*
*dass ich dich preisen soll, mein Hort!*
*Und andern auch das Herz erheben*
*durch frommes und einfält'ges Wort.*

*Weh' mir, wenn ich zurücke zähle,*
*was ich Unnützes heut gesagt!*
*O richte nicht, bis in der Seele*
*der Wahrheit reiner Morgen tagt!*
*Doch nein, du woll'st auch dann nicht richten!*
*O nein, du musst auch dann verzeih'n:*
*Gerechtigkeit wird mich vernichten,*
*nur Gnade kann mein Leben sein.*
*Wie bald ist doch ein Wort gesprochen,*

*das unser Mund nicht wieder fängt;*
*wie leicht ein Vorsatz – ach! – gebrochen,*
*an dem des Herzens Ruhe hängt!*

In jenen Jahren der Selbstfindung gibt das Tagebuch nur wenige Einblicke in die häuslichen Verhältnisse preis. Über die familiäre Not, den Gesundheitszustand der Mutter und der Pfleglinge liest man nur wenig. Dafür über einen Vorgang, der kontrovers anmutet: Luise geht zu einem Geistlichen, um zu beichten. Am nächsten Tag will sie in der evangelischen Kirche das Abendmahl empfangen. Das wird natürlich abgelehnt. Der Vorgang muss sich unmittelbar vor ihrer Konversion abgespielt haben, denn Luise notiert: „Wer doch erst hindurch wäre durch all diesen Streit und Krieg. Ich leide viel, Herr Jesus; du weißt, was ich leide, du weißt es besser als ich … Hilf mir aus der Sünde und dem Wirrwarr! Nimm hinweg, was mich zurückhält von dir, nimm es, und wenn es das Liebste wäre! Du Himmlischer! Welcher Name nennt dich! Du wirst mich nicht vergebens flehen lassen; du wirst mir helfen, ich weiß es ja, und das weiß ich durch dich, durch dich, du Liebe, du Leben meiner Seele.

Meine Sünden weißt du, sie sind unzählig, und ich wollte sie deiner heiligen Ordnung gemäß deinem Priester bekennen – es war mir verwehrt – und ich bin noch nicht stark und sicher genug, alle Dämme mit Gewalt zu durchbrechen; aber du kannst ja weiter helfen. Du wirst mein Heiland sein und wirst mich führen zur rechten Zeit und an den rechten Ort. Du wirst mein nicht vergessen, darum lass nicht, dass ich dein vergesse. – Ich habe dir nun mein ganzes Herz und mein künftiges Leben übergeben; gib mir nun auch die Geduld, die immer auf dich sieht. Ich glaube – lieber Herr, hilf meinem Unglauben.“

Wahrscheinlich hat Luise Hensel den Propst an St. Hedwig in Berlin, Taube, nach Beichte und Abendmahl gefragt und eine abschlägige Antwort bekommen.

Jedoch ihr Wunsch nach einem Übertritt zur katholischen Kirche wächst immer stärker. „Mein Gott, mein Gott", vertraut Luise ihrem Tagebuch an, „komm bald und erlöse mich; komm bald und nimm mir, was ich nicht besitzen soll oder was mich zurückhält von dir." Mit Blick auf den Sohn Rudolf ihrer verstorbenen Schwester Karoline ergänzt sie: „Mein Kind hängt sich immer an meinen Hals, wenn ich es strafe; so muss ich noch immer lauter zu dir schreien, je weniger du mich zu hören scheinst."

*N*un ist der Weg zum Konfessionswechsel nicht mehr weit. Johannes Ambrosius Taube, früher Fürstbischöflicher Delegat für Brandenburg und Pommern und jetzt Propst der St. Hedwigs-Kirche in Berlin, nimmt sie einige Monate später, am 7. Dezember 1818, in die katholische Kirche auf. Am 8. Dezember, dem Fest Mariä Empfängnis, geht sie zum ersten Mal zum Tisch des Herrn. Allerdings wird kein äußerliches Fest daraus, der Übertritt geschieht im Stillen, nicht zuletzt aus Rücksicht auf die Mutter und die Anverwandten. Zudem ist das Verhältnis zwischen den Konfessionen in Berlin derzeit gespannt. Die jährliche Wiederkehr des Immaculata-Festes bleibt Luises ganzes Leben lang ein festlicher Gedenktag. Achim von Arnim, neben Clemens Brentano und Joseph von Eichendorff ein wichtiger Vertreter der Heidelberger Romantik, meint: „Die Hensel ist katholisch geworden … Kein großer Verlust für unsere Kirche, ein verdrehtes Wesen ursprünglich, an der Clemens (Brentano) zwei Jahre alle Schlüssel probiert hatte, bis das Schloss ganz zerbrochen war." Das sieht Luise anders. Ihr Weg der intensiven Gottsuche hat ein Ziel gefunden.

*Da bin ich eingegangen*
*zum treusten Vater mein;*
*und hab in heißer Aschen*
*und herber Tränenflut*
*mein Pilgerkleid gewaschen*
*und selig ausgeruht.*

Unzählig sind die Lieder, die sie Gott, der Gottesmutter und den Heiligen widmet.

*Ich habe einen Liebsten gefunden,*
*derselb' ist nicht von dieser Welt;*
*dem habe einzig mich verbunden,*
*ihm treu zu sein in allen Stunden:*
*Er ist's, der mir allein gefällt.*

„Es blieb mir nichts übrig", vertraut sie ihrem Tagebuch an, „als mein ganzes Lebensglück, wie ich es damals kannte, in den Kauf zu geben, um den ‚Schatz im Acker', den ich kannte, zu heben, und der Tod auf dem Schafott wäre mir leichter gewesen als das Bekenntnis, welches mir so große Opfer auferlegte."

Propst Taube fürchtet, dass das Bekanntwerden der Konversion Luise Hensels der katholischen Gemeinde weiter schaden könne, und er bittet um Geheimhaltung des Übertritts. Im Stillen wünscht er, dass Luise Berlin verlassen möge, da ihr Bruder Wilhelm bei Hofe ein angesehener Maler und ihre Mutter mit vielen protestantischen Geistlichen befreundet ist. Die Mutter weiß von den vielen geheimen Kämpfen ihrer

Tochter auf der Suche nach der wahren Kirche und sie weiß auch von den Bemühungen des Superintendenten Küster, der Luise einst eingesegnet hat, sie vom Konfessionswechsel abzuhalten.

„Als die Mutter aber sah", erinnert sich Luise in ihrem Tagebuch, „dass mich das noch mehr in meinem Glauben stärkte, erklärte sie, dass sie nichts mehr darüber hören und wissen wolle."

*L*uise Hensel steht in der Blüte ihrer Jahre. Die Männer verlieben sich reihenweise Hals über Kopf in sie. Doch Luise wird nicht heiraten.

„Irgendeiner dieser Pfaffen hat ihr den Kopf verdreht. Worauf will sie denn warten? Dass der göttliche Herr sie heimsucht?" Die protestantische Seite der Kirchentreuen ist aufgebracht. „Sie schwört Gott die Treue. Gibt der Himmel eine Garantie für diesen Schritt?"

Da kann ein gleichaltriger junger Mann wie der Tonkünstler und Komponist Ludwig Berger, Schüler Clementis, noch so fein um sie werben, sie lehnt sein Eheangebot ab. Noch manche Absagen sollten folgen. Und noch ein anderer erscheint, dessen Name nicht verhehlt werden soll: Ernst Ludwig von Gerlach, ein Politiker, Lehrer Bismarcks, Publizist und Parlamentsredner. Ein ernster, frommer Mann, Fraktionsvorsitzender der „Konservativen Partei" im Preußischen Abgeordnetenhaus. Seine religiöse Gesinnung hätte im Denken Luises eine klingende Saite gefunden, doch sie lehnt ab. Sein Wort in der Politik weiß er zu machen, doch sein Liebeswerben verhallt ungehört …

*Lass doch, Herr, in meinem Leben*
*nicht dies Jahr vergeblich sein!*
*Gib Verlangen und Bestreben,*
*meine Seele dir zu weihn;*
*lass mich nicht mein Eigen sein! ...*

*Ach, ich selbst kann's nie vollbringen*
*und ich muss doch zu dir hin!*
*Du, mein Gott, du selbst musst zwingen*
*den verkehrten eitlen Sinn,*
*bis ich dir geheiligt bin.*

Ihre Tagebücher geben weiter Aufschluss über die Seelen-
kämpfe, die Luise Hensel in all den Jahren durchficht. Ist sie
sich denn immer noch nicht sicher, ob ihre Entscheidung,
ehelos zu bleiben, richtig ist? Es begegnen ihr viele Männer,
deren Komplimente nicht ungehört verrauschen.
Manchmal steht sie abends von dem Spiegel. „Was ist denn,
was mich so begehrenswert macht?" Sie zupft das erste graue
Haar aus der Lockenpracht und betrachtet es nachdenklich.
„Was will ich denn nun? Ich sehne mich nach dem göttlichen
Freund und ängstige mich zugleich vor dem Alleinsein im Alter." Luise klammert sich an die Hoffnung, am Ende doch
noch eine Schwesterngemeinschaft ihrer Vorstellung gründen
zu können.
Ja, Luise vertraut ihren Tagebüchern viele Gedanken an. Auf
dem Wege zur inneren Vollkommenheit stößt sie immer wieder auf Hindernisse, die sie dem Ziel entfernen. In dieser Pha-
se ihres Lebens schreibt sie wenig über häusliche Verhältnisse,
über ihre Mutter und die beiden Pfleglinge, die ihrer Obhut
anvertraut sind. Denkt sie zu viel an sich, an ihre Hoffnungen
und Pläne? Wertet sie die Sorgen der anderen als zu gering?

Ihre Mutter beißt sich durch das arme entbehrungsreiche Leben, von Wilhelm unterstützt. Zugleich registriert Luise aber auch kleine „Wunder". Im Winter geht das Holz aus, droht die Familie zu frieren. Da erscheint eine nicht sonderlich freundliche Magd und bietet leihweise zehn Taler Überbrückungsgeld für den Holzkauf an. In solchen Ereignissen erkennt Luise das Eingreifen einer höheren Gewalt, durch die die Not zum Guten gewendet wird.

<br>

Fanny Zippora Mendelssohn, Tochter des Bankiers Abraham Mendelssohn und seiner Frau Lea, geborene Salomon, ist noch ein Kind und doch kein Kind mehr. Als Geburtstagsgeschenk spielt das aufgeweckte Mädchen ihrem Vater 1818 die 24 Präludien des „Wohltemperierten Klaviers" von Johann Sebastian Bach auswendig vor. Der Vater ist entzückt. Als Fanny endet, tritt er neben den Flügel, beugt sich über das Kind und gibt ihm einen Kuss auf beide Wangen.

„Ich bin sprachlos. Ich weiß nicht, was ich sagen soll. Du bist erst 13 Jahre alt und übertrumpfst viele Klavierschülerinnen deines Alters."

„Ich will niemanden übertrumpfen, Vater. Es macht mir Spaß zu musizieren. Und diese Stücke habe ich ganz leicht gelernt." Nun erscheint auch die Mutter, um ihre Tochter zu beglückwünschen. Sie hat die vielen und endlos scheinenden Proben täglich gehört, und obgleich auch sie mit dem Klavier aufgewachsen ist, manchmal die Tür zum Salon geschlossen, weil sie der wiederholten Töne überdrüssig war. Davon hat der Vater jedoch nichts mitbekommen. Der neunjährige Bruder Felix scheint seiner Schwester nachzueifern, denn er spielt bereits ausgezeichnet Klavier und wird es weit bringen, falls er sich Mühe gibt. Auch die siebenjährige Schwester Rebecca gehört zu dieser begabten Geschwisterschar, doch an Musik zeigt sie bisher nur gedämpftes Interesse. „Sie war weniger musikalisch als die ältesten Geschwister, aber die Schärfe ihres Verstandes, ihr Geist und ihr sprudelnder Witz zeichneten sie vor allen aus", schrieb später ihr Neffe Sebastian über sie. Fanny hat den ersten Klavierunterricht bei Franz Lauska und von ihrer Mutter Lea bekommen, die selbst Schülerin von Johann Philipp Kirnberger, einem Schüler Johann Sebastian Bachs, gewesen war.

1812 ist die Familie Mendelssohn wegen der Kontinentalsperre Napoleons gegenüber England von Hamburg nach Berlin übergesiedelt. Hier betreiben die Brüder Abraham und Joseph ein Bankhaus. Mag sein, dass der am 30. Oktober geborene Paul einmal die Finanzwirtschaft erlernt und in das Bankhaus eintritt, denn die Musik und die mit ihr verwandten Berufe sind kein fester Boden für eine Existenz.

„Was sagst denn du zu unserer kleinen Pianistin?", fragt Abraham seine Schwester Henriette. „Spielt sie nicht schon herzallerliebst?"

„Herzallerliebst?" Henriette blickt ihren Bruder ernst an. „Hast du nicht die Schweißperlen auf ihrer Stirn bemerkt? Und wie Fanny sich angestrengt hat, mit ihren kurzen Beinen das Pedal zu erreichen? Das Kind ist zwar hochbegabt, aber ihr dürft es nicht überfordern. An eine Musikkarriere zu denken, ist es noch zu früh. Es gibt manchen Pianisten ohne Broterwerb."

Die Eltern sind nachdenklich geworden. Lea wirft ihrer Schwägerin einen vieldeutigen Blick zu. Vater Abraham knurrt etwa Unwilliges in seinen Bart, aber er schluckt die Rüge und greift zum Börsenblatt. Doch im Stillen wurmt ihn die Bemerkung seiner Schwester. Sie hat recht, aber von nichts kommt nichts. Immerhin gibt es mütterlicherseits eine bewährte musikalische Tradition, die vor allem von Frauen getragen wird. Seine Frau Lea ist eine begabte Pianistin, die den Kindern den ersten Klavierunterricht gab. 1816, während einer Reise nach Paris, hat eine Bekannte Beethovens, Marie Bigot des Morogues, die Kenntnisse von Fanny und Felix vervollkommnet. Und seither kamen Ludwig Berger, Ignaz Moscheles und Johann Nepomuk Hummel als Klavierlehrer ins Haus. Als Kompositionslehrer hat Abraham Mendelssohn Karl Friedrich Zelter verpflichtet.

Abraham Mendelssohn ist der Sohn des jüdischen Berliner Aufklärers Moses Mendelssohn, seine Frau Lea die Enkelin Daniel Itzigs, königlich preußischer Hoffaktor und einer der bedeutendsten jüdischen Bankiers in Preußen. Außerdem Vorsteher der Jüdischen Gemeinde Berlin und Landesältester der Judenschaften in den preußischen Provinzen.

*D*er Schriftsteller und Publizist Christian Brentano lädt seinen Bruder Clemens nach Dülmen ein. Dort hat er die Bekanntschaft mit der stigmatisierten Nonne Anna Katharina Emmerick gemacht. Es heißt, sie habe Visionen. Viele Menschen bleiben skeptisch angesichts der sonderbaren Wundmale an ihren Händen und Füßen. Andere, wie der katholische Theologe und Pädagoge Bernhard Heinrich Overberg aus Münster, Clemens-August Freiherr Droste zu Hülshoff, Rektor der Universität Bonn, sowie Graf Stolberg erkennen in der ekstatischen Jungfrau eine besondere Freundin Gottes, was in einer Zeit, in der man die Wundertaten des Weltenschöpfers ins Reich der Ammenmärchen verbannen möchte, überaus nützlich für den Glauben ist. Geistliche und gerichtliche Untersuchungen haben die Glaubwürdigkeit der Seherin schon mehrfach auf die Probe gestellt. Christian

Brentano hat sich von der Echtheit der Stigmata überzeugen können, bei seinem Bruder Clemens stoßen sie auf Skepsis. Es dauert eine Weile, bis er am 15. September 1818 die Reise ins Münsterland antritt, von wo er einen lebhaften Briefwechsel mit Luise Hensel einleitet. Sie antwortet am 18. September:

„Lieber Clemens! Sie sehen, dass ich Ihre Bitte, Ihnen noch vor Empfang eines Briefes zu schreiben, gern erfülle; nur kann ich Ihnen nichts weiter sagen, als was ich im Voraus gesagt habe, dass ich Sie und diese Ihre Reise Gott täglich befehle und dass ich hoffe, sie wird Ihnen innerlich Nutzen bringen, und dass ich mich schon auf Ihre Mitteilungen freue, wenn Sie wieder hier sind. Wir alle denken viel an Sie und sprechen auch oft von Ihnen mit herzlicher Liebe und Teilnahme. Ich finde, es ist mir sehr heilsam zuweilen, jemand, an den ich gewöhnt war und lieb hatte, scheiden zu sehen; mir tritt da die Unsicherheit dieses Lebens und die innere Verwandtschaft der Menschen lebendiger als sonst vor die Seele. Man denkt dann, wenn Gott jetzt den Tod schickte und ließe diese Seele vor sich fordern, ob auch alle Fäden, die diese Freundschaft weben, rein und weiß genug vor Gottes Auge erscheinen werden? Und so glaube ich, dass eine reinere Neigung oder edlere Freundschaft sich immer kristallisieren muss durch äußere Trennung. Mir, für meinen Teil, ist eine Bewegung der Art, sei es eine Trennung oder Anknüpfen eines neuen innigen Verhältnisses, bis jetzt immer sehr heilsam gewesen, aber nicht bequem; mir weht ein anderer Wind durch die Haare, ich denke mehr an das künftige Leben und an die nähere Vereinigung aller Seligen, und ich komme mir dann freier und über alles irdische Leben erhobener vor.
Seien Sie mir nicht bös, wenn ich so im Allgemeinen etwas schreibe, es ist nichts allgemein, was nicht einzeln auch ist, und so ist es hier. Mir war den ganzen Tag Ihrer Abreise über

neu, verwundert und ernst, aber frisch zumute, anders kann ich es nicht ausdrücken; aber ich war auch voller Bangigkeit über Ihre Stimmung, ob Sie sich auch nicht dem Zorn oder der Betrübnis überließen, und ob es Sie auch nicht reuen würde, gereist zu sein. Gott segne doch diese Reise an Ihrer Seele! Grüßen Sie Ihren Bruder herzlich von mir; ich werde nie genug Gott danken können für alles, was er mich durch Sie und Ihren Bruder erfahren ließ. – Leben Sie wohl, Gott segne Sie! Ich habe heute wenig Zeit, denn es ist Freitag. Die Armin war gerührt von Ihrer Abreise, auch er, und ich soll Sie grüßen, sobald ich an Sie schriebe, von der Schinkel auch, diese ist Ihnen recht herzlich gut. Ade.
Ihre Freundin Luise"

Clemens Brentano schickt schon bald seine Berichte über die Beobachtungen am Krankenbett Katharina Emmericks, und sie stoßen bei Luise Hensel und ihrer Umgebung auf großes Interesse. Luises Tagebuch füllt sich Seite für Seite mit ihren Betrachtungen zum Thema, mit den Auseinandersetzungen mit ihrer Seele, immer in Angst, etwas falsch zu machen. Es dauert Monate, bis sie innerlich ruhig wird. Sie weiß aber auch, dass sie einen festen Beruf ergreifen muss, der ihr eine sichere Lebensgrundlage bietet und sie von Zuwendungen unabhängig macht.

### *Für dich, mit dir, um dich*

*Herr, lenke selbst mein Streben*
*und leite, ziehe mich,*
*dass ich allein mag leben*
*für dich, mit dir, um dich!*

*Für dich, der Mensch geboren,*
*für dich, der starb für mich;*
*der mich zur Braut erkoren,*
*für dich allein, für dich!*

*Mit dir in Schmerz und Wonne –*
*dein Arm sei Stütze mir –,*
*mit dir durch Nacht und Sonne,*
*durch Not und Tod mit dir!*

*Um dich will gerne ich geben*
*mein kleines armes Ich.*
*O, dreimal selig Leben:*
*für dich, mit dir, um dich!*


*I*n Berlin kommt Luise Hensel oft am „Berliner Missionswerk" mit seinem neugotischen Backsteinbau vorbei. In
goldenen Lettern prangen über dem Eingang die Worte: „Gehet
hin und lehret alle Heiden und taufet sie im Namen des Vaters
und des Sohnes und des Heiligen Geistes." Luise weiß, das ist
der sogenannte Missionsbefehl, der am Ende des Matthäusevan-
geliums steht. Ein Vers nur, aber, wie es den Anschein hat, ein
explosiver. Seit Jahrhunderten wird um die Auslegung gerungen.
Was hat Jesus gemeint, als er zum Missionsauftrag antrat? Heiden? Von „Heiden" redet nur noch die Version auf der Haus-
fassade, anderswo hat Luise dieses Wort nicht gefunden. Auch in
der Bibel nicht. Lange hieß es „Machet zu Jüngern alle Völker".
In der präzisen Übersetzung der Lutherbibel ist man zum Lehren
zurückgekehrt: „Lehret alle Völker". Lehren, zu Jüngern machen,
Heiden, Völker – im Ringen um diesen Vers steckt die ganze Pro-
blematik der christlichen Missionsgeschichte.

Trotz ihrer vielen häuslichen und lokalen Verpflichtungen denkt Luise oft über die Worte Jesu nach. Einen kleinen Sprung innerhalb seiner Lehre hat sie ja selbst durch ihren Konfessionswechsel unternommen. Aber dadurch bleibt sie ihm ja treu und schwört ihm nicht ab. Als große Missionarin wie manche, die im Missionswerk auf ihre künftigen Aufgaben in anderen Kontinenten ausgebildet werden, fühlt sie sich nicht. Und sie versteht auch manche geschichtlichen Zusammenhänge nicht. Wie kann man die Herzen der Menschen mit Gewalt missionieren und ihnen wie einen Topfdeckel eine neue Religion überstülpen? Sie weiß: Schon Karl dem Großen folgten während seines Eroberungszuges gegen die Sachsen Scharen von Missionaren, die den nicht christlichen Völkern das Evangelium verkündeten. Doch nahmen sie es an? Von Widerständen berichtet die Sachsengeschichte. Wie hält man es in den Missionsgebieten in Afrika, Südamerika und Asien? Mit den Missionsgesellschaften im 19. Jahrhundert und auch schon vorher sind die Anstrengungen gewachsen, fremde Völker mit der Frohen Botschaft vertraut zu machen. Nicht mehr mit Feuer und Schwert, doch mit gehörigem Nachdruck. Ist das rechtens? Und: Was hat Jesus mit „alle Völker" gemeint? Seine Kenntnis von der Welt endete an den Grenzen des Römischen Reiches. Amerika, Australien waren noch nicht entdeckt. Wie sollte man mit denen umgehen?

Luises fester und unerschütterlicher Glaube mag dem Wunsch Rechnung getragen haben, die ihr fremden Völker möchten die christliche Religion annehmen und sich in ihr zu Hause fühlen wie sie selbst. Und das war nun einmal die katholische Konfession, der sie sich überzeugt zugewandt hatte.

Clemens Brentano ist reiseerfahren. Er hat schon lange darüber nachgedacht, wie er der Freundin zu einer festen Stellung verhelfen kann. Jetzt, in Dülmen, wirft er sein Netz aus. Er denkt an die Familien des Grafen Stolberg, der Fürsten Salm und das Haus Diepenbrock. Noch arbeitet Luise bei den Werthers, wo es ihr gefällt. Was wird die Mutter zu einer Landschaftsveränderung sagen? Die Fürstin Marianne Salm-Reifferscheidt-Krautheim bekundet Interesse an einer Gesellschafterin für ihre Töchter. Sie selbst ist die Tochter der berühmten Fürstin Gallitzin aus Münster, die als Salonnière erlauchte Gäste wie Johann Wolfgang von Goethe empfing. Der Dichter wurde in ihrem Kreis zwar mit Skepsis empfangen, war jedoch am Ende hochwillkommen.

Die Reise von Berlin nach Münster tritt Luise am 9. März 1819 in Begleitung des Kriegssekretärs W. Neumann und dessen Schwester Marie an. Drei Tage und drei Nächte ist die Kutsche unterwegs, bis sie in der Hauptstadt Westfalens eintrifft. Luise wird im Haus der Fürstin Salm freundlich aufgenommen. Sie und ihre älteste Tochter, Prinzessin Eleonore, begegnen ihr sehr herzlich. Luise Hensel ist endlich in einem katholischen Umfeld, wohin sie sich lange gesehnt hat, angekommen. Die Atmosphäre entspricht ihrem Wesen und ist das Gegenteil des religiös steifen Berlins. Die „Familia sacra" entwickelt sich zu einem segensreichen christlichen Bund, zu einer Gemeinschaft der Liebe inmitten revolutionärer und aufklärerischer Ideen.

In Regens Bernhard Heinrich Overberg, einem geschickten Theologen und Pädagogen, findet Luise einen väterlichen Freund und Berater. Voller Vertrauen überlässt sie sich seiner geistlichen Leitung. An Brentano schreibt der Greis: „Ich sehe sie wie ein Kleinod, das man sehr sorgsam bewahren muss. Von meiner Seite werde ich mit Gottes Gnade alles Mögliche dazu beitragen." Overberg war auch entscheidend verantwortlich für die Erziehung der Dichterin Annette von Droste-Hülshoff.

Die westfälische Adelige rebellierte gegen manche überkommene Traditionen. Aber im Gegensatz zu Luise Hensel fügte sie sich nicht in das von Kirche und Gesellschaft überstülpte Ideal, Ehelosigkeit sei der für Frauen wie Männer von Gott bevorzugte Weg zum Himmel und die Fortpflanzung sei die einzige Rechtfertigung für eine Ehe.

Einmal stellt Luise Hensel resigniert fest: „Ich bin doch einmal ein Frauenzimmer und also von Jean Pauls Urteil betroffen, ein verwaschenes und verkochtes Leben führen zu müssen."


Seit Luise Hensel in Münster lebt, schweifen ihre Gedanken oftmals westwärts nach Dülmen. Wie ein Magnet zieht die Stadt sie an, und sie hat keinen größeren Wunsch, als mit Katharina Emmerick zusammenzukommen. Overberg unterstützt sie dabei.

„Hören Sie, Luise. Sie sind seit Tagen so unruhig. Fehlt Ihnen etwas, möchten Sie etwas haben, das ich Ihnen nicht bieten kann?"

„O, Sie könnten schon, aber ich möchte nicht drängen."

Fürstin Salm legt lächelnd ihre Hand auf Luises Arm.

„Dann weiß ich, was Ihnen fehlt." Und ohne das Ziel zu nennen, schlägt sie eine eintägige Reise vor. Ende April 1819 kann sie mit der Fürstin auf einen Tag nach Dülmen fahren.

„Ich lasse Sie für eine gute Stunde allein."

Die Fürstin vertreibt sich die Zeit in der Stadt.

„Es war an einem Freitag", vertraut Luise später ihrem Tagebuch an, „aber in jener Zeit, wo ihre Wundmale nicht bluteten, da sie, wie ich schon gehört hatte, Gott gebeten hatte, ihr diese äußeren Ehrenzeichen zu nehmen, durch welche ihr ohnehin so viel Störung durch Neugierige wurde. Mir kam es darauf nicht an, sondern vor allem auf ihr Wort, ihre Lehre; ich fand mich mit der ganzen Seele auf sie angewiesen. – Sie empfing mich mit großer Freundlichkeit und hatte etwas ganz menschlich Liebes. Sobald wir allein waren, umarmte sie mich mit großer Innigkeit und liebkoste wie mit einem Kinde, was mich in tiefster Seele demütigte, da ich meiner Sünden und Torheiten gedachte, und während sie mich herzte und küsste, sagte ich die ungeschickten Worte: ‚Wenn sie mich kenne, würde sie so zärtlich nicht mit mir sein.‘ Da ließ sie mich plötzlich aus ihren Armen und schaute mich mit einem langen, ernsten, unaussprechlichen Blicke an, von dem ich fühlte, dass er durch alle Tiefen meines Wesens drang, dann sagte sie sehr ernst: ‚Glaube mir, wer zu mir kommt, dem sehe ich auf den Grund des Herzens; das hat mir Gott gegeben.‘ Dann setzte sie freundlich lächelnd hinzu: ‚Dein Wille ist gut‘, und herzte mich von Neuem. O wie unaussprechlich trostreich war mir das.“

Luise hat eine Näharbeit mit nach Dülmen genommen, ein Korporale. Als die Fürstin sie zum Mittagessen abholt, bittet Anna Katharina Emmerick, ihr die Sachen dazulassen, sie wolle sie weiternähen. „Ne, det stärket mich“, sagt sie auf den Einwand, sie solle sich damit nicht belasten. Später, beim Zurückkommen, hat die Nonne schon einen großen Teil der Arbeit geschafft. Sie küsst das kleine Kreuz aus rotem Garn, die Stelle, wo die Hostie nach der Konsekration gelegt wird, und sagt: „Dütt Pläcksen hebbe ick gewaltig lef.“ – Diese Stelle habe ich gewaltig lieb.

Die Hoffnung, die Stigmatisierte alsbald wiederzusehen, erfüllt sich nicht. Hat Brentano seine Hand im Spiel? Als er nämlich in Berlin seine Zelte abbricht, um ganz nach Dülmen überzusiedeln, hat sich eine Opposition gegen ihn verbündet; er soll nicht in die westfälische Stadt zurückkehren. Luise selbst wird das Leben schwer gemacht, weil sie mit dem Dichter befreundet ist. Erst zwei Jahre darauf, als das Haus Salm nach Düsseldorf umzieht, kann sie bei einer Stippvisite dort Station machen. Aber sie trifft eine gedemütigte und verschreckte Frau an. Oberpräsident von Vincke hat eine Untersuchungskommission eingesetzt, ohne die kirchliche Behörde zu informieren, und die Kranke aus ihrer Wohnung in das Haus des Hofkammerrats Meersmann bringen lassen, wo sie im zweiten Stock in einem Saal von Scheinwerfern angestrahlt, von Fliegen belästigt unter Beobachtung der Untersuchungskommission liegt. Sie scheint Luise um zwei Jahrzehnte gealtert. Vierzehn Tage und Nächte muss sie diese Tortour aushalten. Sie ist zu schwach, um der Fürstenfamilie die Hand zu geben, doch schaut sie Luise mit einem schmerzlichen, langen und ernsten Blick an, den diese nie vergessen wird.

$\mathcal{D}$as gesellschaftliche Leben in Düsseldorf, wo sie von 1819 bis 1822 als Gesellschafterin der Fürstin von Salm-Reifferscheidt in der Bilker Straße 14 wohnt, fordert auch Luise Hensel heraus. Sie muss an vielen Veranstaltungen teilnehmen, obgleich sie sich nach innerer Ruhe sehnt und jeden Augenblick ergreift, um sich vor den „weltlichen Zerstreuungen" zurückzuziehen. Sie hört die berühmte Angelica Catalani, eine italienische Opernsängerin von legendärem Ruf, singen, ist aber auch zugleich froh, wenn das Fürstenpaar sie aus weiteren Verpflichtungen entlässt. Ein Jahr ist Luise jetzt von zu Hause fort. Die Mutter schreibt: „Luise, wie oft hab ich heute Dein gedacht, wie war mir, sooft ich Dein Stübchen betrat – und doch trieben Sehnsucht und Unruhe mich immer wieder hinein …"

Mit Emilie Piaste, einer Schwester von Chamissos Frau Antonie, bleibt Luise am liebsten in Verbindung. Bei ihr findet sie ein starkes religiöses Interesse und kann ihr anvertrauen, was ihr Herz bewegt. „Wir ringen da um einen Kranz, meine liebe Emilie", schreibt die Freundin der Freundin, „und darum ist es mir lieb, wenn wir in einen traulichen Briefwechsel treten, eine kann die andere immer ermuntern, wenn wir ermüden …" Luise hat Emilie als Erste ins Vertrauen gezogen, als sie an einen Übertritt zur katholischen Kirche dachte.

### An Fräulein Emilie Piaste

*An Fräulein Emilie Piaste,*
*die ich ach so gerne heut umfasste,*
*damit sie den wichtigen Brief auch bald hätte,*
*schick ich ihn durch eine Pantoffel-Stafette.*

*Den Fingerhut ich schicke dir,*
*das hübsche Liedchen auch allhier,*
*und auch erfolgt ein Gruß von mir.*

*Gib Kind, Antonen diesen Kamm. –*
*Wenn deine Hand dies Briefchen nahm,*
*sitz' ich an meinem Nähe-Rahm.*

*Und sticke auf den weißen Grund*
*viel lustige Blümchen hübsch und bunt*
*und denke dein zu jeder Stund.*

*Gern stickt' ich zarte Rosen mir,*
*dann hätt' ich deine Wangen hier*
*und sehnte mich nicht so nach dir.*

Doch weil Mamsell la Garde gebot,
so stick' ich nach der neusten Mod'
des garstigen Klatschmohns dunkles Rot.

Das ist zu meinem gröſsten Leid,
zu meiner tiefsten Bänglichkeit,
kein Bild von dir, du ros'ge Maid!

Nun greif ich bald mit frohem Sinn,
um deinen Wuchs mir zu erziehn,
nach meiner Stängel sanftem Grün.

Doch alles will mich heut verwirr'n,
nur dicke Knubel schafft mein Zwirn,
kein Bild von dir, du schlanke Dirn.

Nun stellt' ich deiner Augen Blau
so gern der kranken Brust zur Schau
und finde – rötlich blasses Grau.

Und was auch meine Sehnsucht klagt,
und was auch meine Liebe wagt,
kein Bild von dir, blauäug'ge Magd!

Nun sag mir eins noch ganz gewiss:
Hast Hoffnung du zu dem Servis?
Sag mir, o trautes Mägdlein dies.

NS
Grüß mir die muntre Schwester fein,
auch Doris soll gegrüßet sein. –
Lass brennen gleich dies Briefelein.

*D*em Rat Overbergs folgend erwählt Luise in Düsseldorf den Jesuiten P. Heinrich Wüsten zu ihrem geistlichen Führer. Doch ihre wichtigsten Anliegen teilt sie dem besonnenen Regens Overberg dennoch mit. P. Wüsten gewinnt das Vertrauen der jungen Frau, doch Luise bedauert, dass er „so wenig Zeit" hat. Aber immerhin legt sie unter seiner Führung am 6. Mai 1820, einem Samstag, das Gelübde jungfräulicher Keuschheit ab, ohne sich mit einer bestimmten Lebensregel zu verbinden. Das ist die – wie sie ihrem Tagebuch anvertraut – die von der Kirche von alters her gebilligte Form ihrer Vermählung mit Jesus als gottgeweihte Braut.

Freunde sehen den Kontakt von Luise Hensel mit dem Jesuitenpater Wüsten nicht gern. „Diese Zölibatären können nicht ehrlich entscheiden, was für jemanden richtig und wichtig ist. Sie dürfen nicht heiraten und verbieten es indirekt auch denen, die auf ihre ehrliche Entscheidung hoffen." Vor allem die kritischen protestantischen Freunde sind verwundert über die treue Ergebenheit Luises in die Hände ihres „Seelenführers".

Zwei Jahre lebt Luise bereits in Düsseldorf, eine Zeit, die „so schnell und angenehm verflossen", aber doch nicht frei von Leiden und Prüfungen ist. Denn sie fürchtet, die Zerstreuungen des Gesellschaftslebens könnten sie ablenken von ihrem Bemühen, ganz für Gott und die Menschen da zu sein.

Joseph Hubert Reinkens, katholischer Priester, der zu den Gründern der Alt-Katholischen Kirche in Deutschland gehörte und ihr erster Bischof war, urteilte später: „In Düsseldorf ergab sie sich der Seelenführung eines Ex-Jesuiten. Seitdem wurde sie im religiösen Leben von Jahr zu Jahr unselbstständiger, und wenn auch vielseitige freundschaftliche Beziehungen dem inneren geistigen Leben noch lange Vorschub leisteten, so erlag ihr Geist doch schließlich, wie die von Schlüter veröffentlichten Briefe leider konstatieren, der ganzen Äußerlichkeit der vatikanischen Gehorsamstheorie. In dem Maße, in welchem dies geschehen, vertrocknete die Quelle ihrer unsterblichen Lieder."

*D*ie Priorin des Karmelitessenklosters in Düsseldorf, Mutter Franziska, wirkt anziehend auf Luise. Mehrfach ist sie hier zu Gast und lauscht den Ratschlägen der hoch geachteten betagten Ordensfrau. Brentano wertschätzt sie ebenfalls. Seinem Bonner Freund Windischmann rät er: „Wenn du nach Düsseldorf kommst, so gehe doch ein Viertelstündchen ins Karmelitessenkloster und verlange, mit der Priorin zu sprechen, und grüße sie von mir. Du wirst hinter dem Stachelgitter, wo man Tigertiere erwartet, die demütigste, erleuchtetste Klosterfrau, ein Bild alter heiliger Zeit, erscheinen sehen; bitte sie um ein Gebet für deine Familie und Absichten, und opfere dem armen Kloster etwa einen oder zwei Taler, nur um zu sehen, wie die heilige Demut und Armut Gaben empfängt. Ich habe Ursache, sie sehr hoch zu achten; sie ist sehr alt und sieht ganz jung aus, schläft seit zehn Jahren nur auf dem Stuhl und genießt nur Wasser und Brot, dabei hat sie eine blühende Erscheinung, sie betet sehr getreu, und Gott erhört sie gern. Sie wird dir ein großer Trost sein."

Mochte Luise Hensel in ihrer Zeit in Düsseldorf noch manche gleich gesinnten Gefährten und Gefährtinnen kennenlernen, sie sorgt sich jetzt um ihren Pflegesohn Rudolph, der in der Obhut ihrer Mutter zurückgeblieben ist. Später macht sie sich seinetwegen große Vorwürfe. Rudolph ist nämlich mit einem Mitschüler vom Dürener Gymnasium geflohen und sie weiß zunächst nicht, wohin. In einem Brief an Clemens Brentano heißt es: „Im vorigen Sommer habe ich große Angst um Rudolph gehabt ... Er ward nämlich, trotz aller Versprechungen und ungeachtet eines großen Kostgeldes, das mir sehr schwer ward zu erschwingen, von seinem sein sollenden Erzieher ganz vernachlässigt und dabei oft lieblos und sehr unrichtig behandelt … Denk Dir, wie mir zumut ward, als ich plötzlich aus Düren die Nachricht erhielt, der Knabe sei mit einem größeren Mitschüler entwichen … Während 13 Tagen wusste ich nicht, wo er, dem ich nun beinahe 13 Jahre meines Lebens aufgeopfert und mit großer Entsagung meinen klösterlichen Beruf nachgesetzt hatte, herumirrte. Ich war in einem beklagenswerten Zustande, ungefähr zu allem und an Leib und Seele krank. Da beschloss ich eine neuntägige Andacht zu Ehren des hl. Antonius von Padua anzufangen, und sieh, gerade am ersten Tage dieser Andacht fühlte er sich angetrieben, zu den Franziskanern in Paderborn, durch welches ihre tolle Irrfahrt sie führte, zu gehen, weil Rudolf wusste, dass ich dort einen Bekannten habe … Sobald unsere Vakanz begann, reiste ich nach Wiedenbrück, wo ich den Verirrten sehr gedemütigt und voller guter Vorsätze fand … Ich muss gestehen, der Gram über diese frühe Verirrung meines Pflegekindes hat furchtbar an meinem Leben gerüttelt und eine Veränderung an mir hervorgebracht, die bleibend sein wird für mein ganzes Leben …"

*G*iovanni Paisiellos Opera buffa „La Molinara", 1788 in Neapel uraufgeführt, hat zu mancher Nachahmung angeregt. Hier geht es um „die schöne Müllerin und ihre Verehrer". Luise erinnert sich mit zwiespältigen Gefühlen an die Zeit, als sie noch Salonnière im Hause der Staegemanns in Berlin war. Damals war sie eine Suchende, eine ein Lebensziel anstrengende junge Dame. Sie kennt noch den Prolog der 25-teiligen Liederzyklus „Die schöne Müllerin":

*Ich lad euch, schöne Damen, kluge Herrn*
*und die ihr hört und schaut was Gutes gern,*
*zu einem funkelnagelneuen Spiel*
*im funkelnagelneusten Stil.*

*M*üllerin, Mühle, Mühle und Bach – darum dreht sich alles. Heinrich Friedrich Ludwig Rellstab, ein deutscher Journalist, Musikkritiker und Dichter, hat die Szene festgehalten: „Rose, die schöne Müllerin, wird von dem Müller, dem Gärtnerknaben und dem Jäger geliebt; leichten fröhlichen Sinns gibt sie dem Letzten den Vorzug, nicht ohne früher den Ersteren begünstigt und zu Hoffnungen angeregt zu haben." Luise erinnert sich, dass Hedwig von Staegemann, spätere von Olfers, die Rolle der Rose übernommen hat, und Wilhelm Müller seinem Namen entsprechend den Müller spielte. Der Jäger wurde von Luises Bruder Wilhelm, dem späteren Hofmaler, verkörpert. Luise selbst stellte den Gärtnerknaben dar.

Hedwig von Olfers schrieb: „Erschüttert von dem Ende des Müllers sucht auch Rose in tiefer Reue den Tod in den Wellen, und der Jäger stimmt auf dem Grabe der Liebenden ein wehmütiges Klagelied an. Man weiß nun nicht, gab der Musiker Ludwig Berger, der an diesem Abend Gast im Staegemann'schen Hause war, Wilhelm Müller den Ratschlag, an den Liedern weiterzuarbeiten, oder war es Ludwig Tieck, der ihn anregte, die Geschichte von der schönen Müllerin auszugestalten. Goethe, Eichendorff und Rückert haben die schöne Müllerin in Gedichten und Erzählungen nachträglich besungen."

Der Gedanke, dass sie diese umschwärmte, schöne, aber auch ungetreue Müllerin ist, belastet Luise Hensel inzwischen. Als jugendlicher, geschätzter Gast im Hause Staegemann hat sie die Folgen nicht bedenken können: Dass der Dichter Wilhelm Müller sie so geliebt hat, dass er sie am liebsten geehelicht hätte, ist ein Gedanke, der Luise fremd und ungeheuerlich vorgekommen wäre.

Was macht Franz Schubert aus dem Gedichtzyklus? Was Wilhelm Müller bisher gehört hat, befriedigt ihn nicht. Schade, dass er nicht die Mittel hat, nach Wien zu reisen. Sich brieflich auszutauschen, braucht viel Zeit. Zudem hört er, dass Schubert nicht gesund ist. Aber diesen Zustand kennt er an sich selbst. Eine unglückliche Liebe, so meint er, verkürze das Leben.

Hedwig von Staegemann erinnert sich erschüttert an die Veränderungen im Leben Luises. Die unbeschwerten Abende des „Müllerspiels" gehören der Vergangenheit an. Ausgelöst durch den Tod ihrer Schwester Karoline hat sich das Aussehen der Freundin verändert. Und sie klagt: „Ihr Talent, ihre Neigung zur Musik, zum Dichten, besonders zur Malerei stirbt still und unverstanden mit ihr. Die Armut mehr als manches innere Leiden schlägt den Mut zur Poesie nieder." Dass Luise Hensel einen anderen Weg gewählt hat, einen hoffnungsvollen Weg der Gottsuche, nimmt Hedwig nicht wahr.

Die Arbeit als Gesellschafterin hat Luise Hensel nie als Vollzeitkraft verstanden, sondern als Übergang. Sie weiß, dass sie dem Kind ihrer Schwester Karoline gegenüber erzieherische Verpflichtungen hat. Sie hat ihrem Schwager aber auch verdeutlicht, dass sie als Katholikin das Kind katholisch erziehen wird. Einwände gab es nicht. Doch noch eine Hürde stellt sich Luise in den Weg: Ein Prinz der fürstlichen Familie hat sich in Luise verliebt und sucht mit aller Kraft, ihr ein Eheversprechen abzutrotzen. Doch bleibt sie ihrer Lebenslinie trotz des Einverständnisses des adeligen Vaters treu. Im September 1820 erreicht die Krise ihren Höhepunkt. Luise will das Haus des Fürsten Salm verlassen. Da entsinnt sie sich eines Angebots der Witwe des Grafen Friedrich Leopold Stolberg in Sondermühlen bei Osnabrück. Eine Kontaktaufnahme ist bald beschlossen.

Im Frühjahr 1821 weilt die Gräfin in Schlesien im Schloss ihres Schwiegersohnes und ist im Begriff, nach dem Gut im sächsischen Brauna aufzubrechen. Dort wird sie Luise Hensel empfangen. Die Familie Salm entlässt sie ungern, aber mit Zeichen großer Dankbarkeit. Zwei Jahres später erhält Luise die Nachricht vom Tod der immer kränkelnden Fürstin am 16. Dezember 1823, erst 54 Jahre alt.

Als Luise Hensel in der letzten Aprilwoche des Jahres 1821 Düsseldorf verlässt, führt der Postweg über Dülmen. Neun Tage nimmt sie sich Zeit, um stets in der Nähe ihrer geliebten Anna Katharina Emmerick zu verbringen. „Sie war ganz Liebe und Freundlichkeit", erinnert sie sich. „Ich durfte den ganzen Tag mit meiner Arbeit an ihrem Bette sitzen und ging nur zum Essen und Schlafen in einen Gasthof." Die Zeit bringt sie mit der mit Brentano befreundeten Familie des Hofkammerrats Anton Diepenbrock in Holtwick bei Bocholt zusammen. Durch Brentano ist sie dort wie auch durch einige ihrer geistigen Lieder bekannt, man kennt ihren Lebensweg. Vor allem Diepenbrocks Tochter Apollonia freut sich auf die Bekanntschaft mit der geschätzten Dichterin. Einige Tage verbringt Luise im Haus Horst, Diepenholz'schen Familiensitz, dann kehrt sie in Begleitung von Apollonia nach Dülmen zurück. Die Freundschaft mit dieser jungen, friedlichen, ausgeglichenen jungen Frau sollte mehr als sechzig Jahre andauern.

Aber nun wartet die Gräfin Stolberg in Brauna auf Luise Hensel zum Vorstellungsgespräch. Bis Dresden hat sie den Wagen vorausgeschickt. In der sächsischen Metropole macht Luise die Bekanntschaft mit der Familie Ludwig Tieck und besonders mit deren älteren Tochter Dorothea. Die profitiert von den Studien ihres Vaters, der sich mit den neueren Sprachen beschäftigt, aber auch die alten schätzt. Homer, Virgil, Horaz, Herodot – das sind keine Unbekannten für Dorothea. Aber auch die Werke von Vaters Gästen kennt sie: Karl Immermann, Friedrich von Uechtritz, Graf Löben, Justinus Kerner, Bernhard Severin Ingemann sind bekannte Namen. Der schwedische Dichter Atterbom urteilt über sie: „Sie war geistig und körperlich ein schönes Mädchen; schade, dass sie keine Schwedin ist."

Luises Bruder Wilhelm kommt zu einem längeren Besuch nach Dresden. In dieser Zeit festigen die beiden jungen Frauen ihre Freundschaft. Wilhelm meint, in Dorotheas und Luises Gesichtszügen frappierende Übereinstimmungen zu erkennen. „Auch manches, was sie spricht, ist beinahe so, als ob Du es sagst", stellt er fest. Dann trifft aus Braunau in der Niederlausitz die Kutsche ein, die Luise zu dem gräflichen Schloss bringt.

Luise hat sich kaum mit den Verhältnissen und Personen ihrer neuen Umgebung vertraut gemacht, da bricht sie nach Schloss Scheibe in Schlesien auf. Hier lebt inzwischen Luises Mutter Johanna Albertina mit ihrer jüngsten Tochter Wilhelmine und den beiden Kindern ihrer verstorbenen Tochter Karoline im Hause des Majors von Gontard, der mit ihrer Schwester verheiratet ist. Das Wiedersehen ist herzlich. Als Gräfin Stolberg das sächsische Stammgut verlässt, erwartet Luise für die nächsten zwei Jahre die Arbeit im hannoverschen Domanialgut Sondermühlen im Grenzbereich zu Westfalen. Hier lebt noch der Geist des am 5. Dezember 1819 verstorbenen Grafen Friedrich Leopold zu Stolberg-Stolberg, ein deutscher Dichter, Übersetzer und Jurist. Von drei noch im Hause weilenden Töchtern der Gräfin sind zwei fast erwachsen, Maria Theresia ist 16, Amalia 14 Jahre alt, Paula ist 11. Luise hat Zeit, sich endlich um ihren Neffen Rudolf zu kümmern, dessen Entwicklung ihr Sorgen bereitet. Verstand, Gedächtnis und Urteil und die Lust am Lernen zeichnen ihn aus. Doch Luise stellt auch Egoismus, Ungeduld und Weichlichkeit an ihm fest.

Die Stunden ernster Lehrtätigkeit werden gelegentlich unterbrochen durch Ausflüge zu den Gütern Stolberg'scher Familienmitglieder. Brinke, Tatenhausen, Söder. Am nächsten liegt Haus Brinke, Wohnsitz des mit der Stolberg-Tochter Julia verheirateten Grafen Xaver von Schmising-Kerssenbrock. Hier dichtet Luise Hensel:

*Auf allen Blättern steht geschrieben,*
*wie wundergut der Vater ist.*
*O Herz, wie magst du Ihn nicht lieben,*
*der dich aus jeder Blume grüßt? –*

*Auf alle Blättlein möcht' ich schreiben,*
*wie sehr mein süßer Freund mich liebt,*
*und all Sein Tun und all Sein Treiben,*
*das Er als Mensch für mich geübt.*

*Auf alle Blätter möcht' ich malen*
*des Liebsten klares Angesicht,*
*doch alle Farben, alle Strahlen*
*erreichen Seine Schöne nicht.*

*Und allen Bäumen möcht' ich sagen*
*von Seiner Treue, Seiner Huld,*
*und allen Steinen muss ich 's klagen,*
*dass Ihn getötet meine Schuld.*

Den Sommer 1822 erlebt Luise Hensel im Schloss Söder bei Hildesheim, wo ein Sohn der Gräfin Stolberg, Andreas, seit einigen Monaten verwitwet ist. Von ihren Eindrücken berichtet sie ihrer Freundin Emilie Piaste in Berlin; „Dies Schloss hat eine ganz wunderschöne Lage, ist auch an sich sehr prächtig und wird durch eine Gemäldegalerie, welche viele Fremde herbeilockt, geziert. Aber es ist ja überall schön auf Erden, denn überall ist Gott."

Ein ständiges, geliebtes Reiseziel ist Dülmen. Da die Gräfin Stolberg auch eine glühende Verehrerin der Anna Katharina Emmerick ist, bekommt Luise Hensel von Zeit zu Zeit die Erlaubnis, am Krankenbett der stigmatisierten Nonne zu weilen und ihren Haushalt zu führen. Denn da die Emmerick fast ihre ganze Garderobe an Bedürftige verteilt hat, mangelt es ihr an wichtigen Kleidungsstücken. Hier kann Luise Abhilfe schaffen. Sie hilft auch beim Waschen, beim Umbetten und stellt einen porzellanähnlichen, zerbrechlichen Leib fest, aber im Gesicht keine Spur von Magerkeit. Der Emmerick gefällt die Anwesenheit der Freundin. „Un ick will nu hebben, sie blift hi", sagt sie mit Nachdruck. „Ich will auk ens 'n Fründin bi mich hebben, un nich alldid met Mannslue küren." Doch die Arbeit in Sondermühlen darf darunter nicht leiden.

Wenn sie schon einmal zu kurzen Reisen aufbricht, erwählt Luise Hensel gern Münster zum Ziel. Sie will die Herren Overberg und Dechant Kellermann wiedersehen. Anfang des Jahres 1822 ist Luises Cousine Ida Trost nach Sondermühlen gekommen. Mit Luise verbindet sie nicht nur eine Bluts-, sondern auch eine Geistesverwandtschaft. Sie ist inzwischen auch konvertiert. Ida begleitet eine Tochter der Gräfin Stolberg, Julia Gräfin von Schmising-Kerssenbrock, auf einer längeren Reise nach Sachsen und Schlesien. Auf ihrer Fahrt begegnet sie in Berlin auch Luises Bruder, dem Maler. „Ida zu sehen hat mich sehr gefreut", bekennt Wilhelm Hensel. „Ich habe sie auch in mein Stammbuch gezeichnet. Ich habe sie geistig sehr vorteilhaft verändert gefunden."

Im September kehren die Reisenden nach Schloss Brinke zurück. Luise heißt sie willkommen und bleibt einige Tage.

Zwei Jahre gehen schnell vorüber, vor allem, wenn sie die Erfüllung geheimer Glaubenserwartungen beinhalten. Luise ist der Gräfin eine „gottgeschenkte liebe Tochter, Schwester und Freundin" geworden. Als sich die Gräfin Stolberg im Frühjahr 1823 anschickt, für ein ganzes Jahr nach Sachsen zu ziehen, ist für Luise die Zeit gekommen, im Interesse ihres Neffen Rudolf an einen Ort überzusiedeln, an dem es eine Knabenschule gibt. Ihre Wahl fällt auf Wiedenbrück. Kanonikus Schröder und Kaplan Hensing haben sie darin bestärkt und berichten viel Gutes über das Landstädtchen.

Am 20. Juni 1823 kommt sie dort an. Zwei Zimmer wird sie bewohnen; für die Ausstattung hat die Gräfin gesorgt. „Auch ich lebe hier sehr still und darum zufrieden", kann sie nach vier Wochen an eine Frau Schlüter in Münster berichten, die sie durch die Gräfin Stolberg kennengelernt hat. Veranstaltungen, zu denen sie eingeladen wird, möchte sie am liebsten umgehen. Die Gräfin zahlt ihr eine kleine Pension, auch Bruder Wilhelm unterstützt sie. Dessen Kunst mehrt seinen Ruhm.

Da Luise ihre Tagebücher weiterführt, kommt auch die Zusammenarbeit mit Kaplan Hensing, den sie zu ihrem Beichtvater bestellt, wiederholt zur Sprache.

Trotz des räumlichen Abstandes bleibt der Kontakt zur Gräfin Stolberg bestehen. Und als sie sich wieder in Westfalen einfindet, muss die „geliebte Freundin und Tochter Luise" sich wiederholt auf den Weg nach Sondermühlen begeben. Auch die Gräfin Schmising-Kerssenbrock, geborene Julia Gräfin Stolberg, lädt sie nach Schloss Brinke ein, während sie Rudolf der

Obhut des Kaplan Hensing und dessen Tante – einer früheren Klarissin, deren Kloster unter den Auflösungsbescheid des Königs fiel – und einer Cousine anvertraut. Vikar Bernhard Hensing stammt aus Dülmen, kam 1818 nach Wiedenbrück und wurde 1845 als Pfarrer ins benachbarte Langenberg berufen. Rudolf Rochs zeigt als junger Mann Interesse an einer militärischen Laufbahn.

Einen „Kindergruß von drüben" schickt Luise Hensel von Sondermühlen an ihre Freunde.

### Kindergruß von drüben

*O weine nicht! Ich bin dir nicht gestorben,*
*ein ewig selig Leben ging mir auf.*
*O sähest du ihn, den Kranz, den ich erworben,*
*es hemmte gleich sich deiner Tränen Lauf.*
*Hier wohnt der Friede, leuchtet ew'ges Licht.*
*O weine nicht!*

*O weine nicht! Was sollt ich länger wallen*
*im dunklen Land, wo Tod und Sünd euch schreckt?*
*Mir ist das Los, das herrlichste, gefallen:*
*Mein Palmzweig grünt, mein Kleid ist unbefleckt.*
*Ich schau in Wonne Gottes Angesicht. –*
*O weine nicht!*

*O weine nicht! Sieh, wie die Jahre schwinden,*
*auch dich trägt bald dein Engel zu mir her.*
*Du wirst mich selig unter Sel'gen finden,*
*und ewig trennt uns dann kein Sterben mehr.*
*Drum hebe fromm zu Gott dein Angesicht*
*und weine nicht.*

*D*er Tod von Anna Katharina Emmerick erschüttert das christliche Münsterland. Geboren zu Flamske bei Coesfeld am 8. September 1774, starb sie am 9. Februar 1824 und wurde am 13. Februar beigesetzt. Luise ordert die Lieblingsblumen der Toten – Nelken. Doch dann sagt ihr die Postmeisterin: „Wozu brauchen Sie die? Die Leiche ist doch entwendet und nach Holland geschafft worden." Luise erbleicht, sie kann diese Nachricht nicht glauben. In aller Heimlichkeit lässt sie nachts das Grab öffnen und überzeugt sich, dass der Sarg noch vorhanden ist. Später stellt sich heraus, beim Dechant Rensing ist am Abend nach der Beerdigung ein Kaufmann aus Münster erschienen und hat im Auftrag eines holländischen Kunden der Familie Emmerick oder der Kirchengemeinde 4000 Gulden für die Leiche angeboten, was natürlich abgelehnt wird.

Luise notiert über den vermeintlichen Leichenraub:

„Um 1 Uhr klopfte der Totengräber leise an die Fensterlade. Ich nahm eine Laterne unter den Mantel, und nachdem wir uns versichert hatten, dass der Nachtwächter im entgegengesetzten Teile des Städtchens blies, schritten wir rasch, aber leise zum Tore hinaus. Ich war in unbeschreiblicher Spannung, ob und wie ich die Geliebte finden würde. Der Gehilfe des Totengräbers half mir, meine Blumenpflanzen vorsichtig herauszunehmen und vorsichtig beiseitezulegen, weil sie ebenso wieder mussten eingepflanzt werden. Als er einige Spatenstiche gemacht hatte, zog er am Kopfende des Grabes einen etwa armlangen Stock heraus und rief: ‚Sie ist noch im Grabe; ich finde diesen Stock, den ich mir zum Zeichen mit eingegraben habe, ganz in derselben Lage wieder; das Grab ist noch nicht geöffnet gewesen.'

Als er bis zum Sarge gekommen und dort so viel Platz gemacht hatte, dass er mit dem Alten hineinsteigen konnte, hoben sie den Sarg empor und stellten ihn neben die linke Langseite der Grube; auf der Stelle gegenüber war die Erde aufgehäuft. In meiner Seele wogte ein Meer unaussprechlicher Gefühle, während die Männer bemüht waren, den Deckel, der schon aus den Fugen wich, vorsichtig zu lösen und abzuheben.

Der Mond, der bis zu diesem Augenblick von dichten Wolken verhüllt war, trat jetzt gerade ganz hell heraus (er stand sehr hoch und war fast voll). Und nun sah ich die ganze geliebte rührende Gestalt völlig unversehrt vor mir wie schlafend ruhen. Leider war sie fest, schier wie ein Wickelkind, in ein Leintuch eingerollt. Ihr Antlitz trug den Ausdruck der Schmerzen, in denen sie eingeschlafen, oder vielmehr den eines müden Kampfes; doch hatte es durchaus keinen finsteren Ausdruck, nur schmerzlich und müde. Ich musste mich einen Augenblick von ihr abwenden, um Fassung zu suchen – sie war mir ja das geliebteste Wesen auf Erden, und ich hatte ihr so unendlich viel zu danken – hätte ihres Rates, ihrer Führung noch so sehr bedurft …"

„Also, es wird Zeit, dass wir das Grab wieder schließen", fordert der Totengräber. „Ich will hier nicht in den Geruch der Leichenfledderei kommen."

Luise küsst der Toten die Stirn, es war keine Spur von Totengeruch an ihr.

„Wie lange liegt sie jetzt unter der Erde?" Der Totengräber rechnet, doch Luise kommt ihm zuvor.

„Sechs Wochen", stellt sie fest.

„Nun, in der ganzen Zeit herrschte mildes Regenwetter. Kein Wunder, dass die Erde klumpig ist."

Während der Graböffnung schlägt das Wetter um. Eiswind beeinträchtigt die Grabschließung und verwandelt die Erde in Schollen. Auf ihrem Kopf trägt die Tote eine der Hauben, die Luise ihr genäht hat. Das Heu unter ihrem kleinen Hauptkissen ist voller Moder und langen Schimmelflocken. Es riecht dumpfig.

Die Männer schieben und rücken den Sarg.

„Der Deckel ist blockiert. Er lässt sich nicht mehr in die Fugen bringen", stellt der Helfer des Totengräbers fest. „Die hölzernen Zapfen passen nicht mehr in die vorgestanzten Löcher." Nun wird der Deckel lose über den Unterbau gelegt. Der Sarg verschwindet in der Tiefe.

„Los, helfen Sie, die Erde über dem Grab zu verteilen. Die Zeit drängt. Wer weiß, wer uns beobachtet und das Schlimmste annimmt."

Luise gebraucht ihre Hände, um dem Auftrag nachzukommen. Ein weiterer Spaten gehört nicht zu Ausrüstung.

„He, die Blumen! Vergessen Sie die Blumen nicht. Sie müssen an ihre alten Standorte." Es ist nicht leicht, sie in den gefrorenen Boden zu versenken. Dann gibt Luise den Totengräbern den vereinbarten Lohn. Sie muss ihnen in die Hand versprechen, dass sie über die Graböffnung nie ein Wort verlieren wird. Um drei Uhr nachts ist die Aktion abgeschlossen. Luise kann sich auch in den Folgetagen nicht entschließen, Besuch zu empfangen.

Als sie an einem der nächsten Tage mittags zum Tisch des Postmeisters kommt, empfängt sie dessen Frau mit den Worten: „Nun denken Sie mal, man hat die Emmerick ausgegraben."

Luise lässt sich ihre Erschrockenheit nicht anmerken. „Das ist ja unglaublich", erwidert sie. „Wer sollte denn das gewagt haben?"

„O, meine drei Waschfrauen sind in der letzten Nacht zur Bleiche gegangen und haben auf dem Friedhof, an dem sie vorüber mussten, viele Männer und mehrere Laternen gesehen. Sie haben den Bürgermeister und verschiedene Bürger der Stadt erkannt. Als die Mägde sie an der Hecke stehend bemerkt habe, habe man sie auf Befehl des Bürgermeisters fortgeschickt."

„Wie, ist das wirklich geschehen?"

Die Postmeisterin schickt darauf eine vertrauenswürdige Magd zum Nachbarn, dem Schreiner, der den Sarg gemacht und die Tote eingesargt hat, mit der Bitte zu berichten, wie man die liebe Anne Katharina Emmerick aufgefunden habe. Der Schreiner schläft, die Frau erschrickt, sie wähnt das Geheimnis verraten. Wie sich herausstellt, handelt es sich um eine abermalige Graböffnung. Der Bürgermeister hat vom Oberpräsidenten von Vincke den Befehl erhalten, die Öffnung des Grabes in Anwesenheit von sieben Zeugen vorzunehmen und ein Protokoll über die Beschaffenheit der Leiche anzufertigen. Der Schreiner hat die Leiche als die der Nonne Emmerick identifiziert, zugleich aber auch bekundet, dass schon eine Graböffnung stattgefunden haben müsse. Der Sargdeckel habe sich nicht an der entsprechenden Stelle befunden und die Bleitafel sei außerhalb des Sarges gelegen. Protokolliert sei auch, dass kein Verwesungsgeruch bemerkt worden sei und sich kein Wurm bei der Leiche befunden hätte.

Auch Brentano ist untröstlich. Er hat lange am Sterbebett von Anna Katharina Emmerick ausgehalten und ist nun zerschmettert von dem unwiederbringlichen Verlust. Mit Appolonia Diepenbrock aus Bocholt ordnet er nach Wochen verzweifelter Unruhe den Nachlass der Heimgegangenen, darunter zahlreiche Reliquien und persönliche Gegenstände. Appolonia war eine westfälische Krankenhausstifterin. 1818 begegnete sie Clemens Brentano, als dieser ihren Schwager Hans von Bostel besuchte und über ihn Luise Hensel kennenlernte. Zu Luises Liedern komponierte sie einige Melodien. Durch das Beispiel der neuen Freundin angeregt, entschied sie sich gegen die Ehe. Geistliche Orden sagten ihr nicht zu. Und so widmete sich Appolonia nach dem Tod der Mutter ganz der Armen- und Krankenpflege.

*K*ommt Luise Hensel endlich ihrem Wunsch, in ein Kloster einzutreten, näher? 1824 glaubt sie, diesem Ziel nahe zu sein. Bisher hat es die Rücksicht auf ihr Ziehkind unmöglich gemacht, diesen Plan ernsthaft zu verfolgen. Nach der Säkularisation Anfang des 19. Jahrhunderts ist es den Karmelitessen noch nicht erlaubt, Novizinnen aufzunehmen. Sowohl Overberg als auch Brentano warnen vor übereilten Schritten. Auch Pater Wüsten hält einen Ordenseintritt für verfrüht, rät zu einer zweijährigen Wartezeit; immerhin ist ihr Pflegekind auch noch in ihrer Obhut, und hier liegt ihre Erziehungsaufgabe. Die zweijährige Geduldsprobe endet Ostern 1825. Die Oberin der Barmherzigen Schwester in Münster, Fr. W. von Höfflinger, spricht sie bereits als „künftige Mitschwester" an und auch Generalvikar Clemens von Droste stimmt dem Ordenseintritt wie Mutter Hensel zu. Kaplan Hensing aus Wiedenbrück bestätigt Rudolfs Erziehung und Pflege. Wilhelm Hensel will Kost- und Schulgeld übernehmen. Luise hat bereits die Wohnung gekündigt, einen Teil ihres Hausstandes verkauft oder verschenkt und ihr schönes Haar gestutzt. Der 12. April 1825 ist als Termin für den Ordenseintritt bestimmt – da macht der Schwager Rochs, der Witwer ihrer verstorbenen Schwester, einen Strich durch die Rechnung. Nach seiner Wiederverheiratung will er seinen Sohn Rudolf zurücknehmen und im eigenen Hause auch in seiner Religion, nämlich der evangelischen, erziehen. „Dass ich Rudolf katholisch erzogen habe, kann seinen Vater nicht berechtigen, ihn zurückzufordern, da dies mit seiner Bewilligung geschehen ist", meint Luise. Am Ende muss Luise auf den Klostereintritt verzichten, die mit ihr befreundete Maria Neumann bekommt den Zuschlag, stirbt aber nach einiger Zeit bei der Krankenpflege an Typhus. Was hat ihr die Emmerick prophezeit? „Nein, du brauchst das nicht. Du kommst doch nicht hinein."

In nächster Zeit ist Luise Hensel oft unterwegs, den Rhein hinauf bis Straßburg und hinab bis Köln und Düsseldorf. Wie hält sie das aus? Sie trifft auf Menschen, die die soziale Lage der Gesellschaft verbessern wollen. Dülmen lässt sie auf ihrer Weiterreise nach Westfalen nicht aus. Anna Katharina Emmerick hat inzwischen einen Grabstein bekommen, doch noch ohne Inschrift. Offenbar ist man sich nicht einig, was auf dem bescheidenen Denkmal stehen soll.

Luises Lebensweg vereint sich 1825 mit dem von Appolonia Diepenbrock und dem aus einem sächsischen Adelsgeschlecht stammenden von Pauline von Felgenhauer zur Pflege der Kranken und Leidenden in Koblenz. Hier ist das Bürgerhospital umgebaut und erweitert worden. Aus Nancy, dem Mutterhaus der Barmherzigen Schwestern, werden fünf Ordensmitglieder für das nächste Jahr zugesagt. Clemens Brentano schreibt 1826 an seinen Bruder Franz: „Unsere drei Jungfern Hensel, Diepenbrock und Felgenhauer haben nun ein halbes Jahr die Kranken im Hospital mit großer Liebe und Frömmigkeit, und selbst viele in der Stadt mit Pflege der beschwerlichen Nachtwachen bedient, ja selbst die Toten aus den Sälen getragen, mit den Sterbenden gebetet und viele verkehrte und verlorene Personen durch Liebe und Gebet zur Bekehrung auf dem Krankenlager gebracht. Ihr Beispiel erweckte andere Jungfrauen der Stadt, deren mehrere bereits die Werke der Liebe und Almosenpflege zu großer Erbauung üben."

Zu den engagierten Mitarbeiterinnen gehört auch Margarete Verflassen. Unter ihren Initialen A. H. veröffentlichte Amalie

Hassenpflug später den Roman „Margarethe Verflassen. Ein Bild aus der katholischen Kirche". Amalie Hassenpflug ist die Tochter des Kasseler Regierungspräsidenten Johannes Hassenpflug. Die Freundin von Annette von Droste-Hülshoff hatte von etwa 1809 bis in die 30er Jahre engen Kontakt zu den Brüdern Grimm, zu deren Märchensammlung sie zahlreiche Stücke beisteuerte. Die Ankunft der ersehnten Schwestern zieht sich bis Juli hin. Damit aber ist die Tätigkeit der drei Freundinnen in Koblenz beendet und die Arbeit des rührigen Koblenzer Stadtrates Dietz um die personelle Belebung des Bürgerhospitals hat ein verdientes Ende gefunden.

Kaum ist Luise im August nach Wiedenbrück zurückgekehrt, ruft die Gräfin Stolberg sie nach Sondermühlen, um bei den Hochzeitsvorbereitungen für ihre Tochter Malchen zu helfen. Doch lange will sie aus wiederholter Sorge um Rudolf nicht bleiben. Die Kinder der Gräfin sind dann alle bis auf eins außer Haus. Luise soll die dunklen Wintermonate mit der Gräfin teilen. Wilhelm Hensel, noch in Rom, will sich nicht vorstellen, dass seine hübsche, blühende Schwester sich im Pflegedienst eines Krankenhauses verausgabt, und wünscht ihr die Arbeit in einem Erziehungsberuf. Noch während sie sich literarisch am Tugendbuch des Friedrich von Spee versucht, um ihm eine hochdeutsche Fassung zu geben, kommt ein Hilferuf von Luises Freundin Sophie Doll aus Marienburg bei Boppard, die Leitung ihres Institutes für einige Zeit zu übernehmen. Vier Monate arbeitet sie hier, die neue Lehrerin ist bald der Liebling der Mädchen. Doch schon ereilt sie der Ruf in eine Erziehungsanstalt in Aachen, wo sie auf ein Ansinnen der Rätin Nicolay aus Münster ein halbes Jahr fest angestellt werden soll.

An ihre Mutter schreibt Luise Hensel: „Endlich werde ich dazu kommen, meinen Brief an Dich zu schließen, liebe Mutter. Aber ich scheue mich fast, Dir etwas anzukündigen, was

Dir vielleicht nicht angenehm ist und was ich Dir doch sagen muss. Ich bin nämlich wiederholt sehr dringend gebeten worden, als erste Lehrerin bei einer Erziehungsanstalt in Aachen einzutreten und durch Bitten und Vorstellungen bewegt worden, mich für ein halbes Jahr dort zu versprechen, weil die gute, sehr fromme Rätin Nicolay aus Münster, die jetzt diese Anstalt (mit der auch eine Stadtschule verbunden ist) übernimmt, gern zwei Lehrerinnen mit dorthin nehmen möchte, die ihr in demselben Geist wie sie helfen können, alles einzurichten. Da wir auf der Welt sind, um zu arbeiten, müssen wir ja auch freudig die Hand ans Werk legen, wo wir etwas zu tun finden. Wenn dies halbe Jahr zu Ende ist, werde ich vielleicht endlich die Erlaubnis erhalten, ins Kloster zu gehen, und dann wäre also dies meine letzte Wanderung in die Fremde. Was mich eigentlich bestimmt hat, den Bitten der Rätin nachzugeben, ist, dass ich einen dringenden Brief von ihrem Freunde, einem achtenswerten Geistlichen aus Münster, erhielt, der gerade an meinem Geburtstage geschrieben war, wo ich Gott recht herzlich gebeten hatte, er möge mir meinen Beruf zeigen, damit ich ihm und dem Nächsten besser und teurer dienen möchte von nun an …

Ich werde also, so Gott will, am 17. (Mai) hier abreisen, drei Tage in Koblenz bleiben, drei Tage in Düsseldorf, dann meinen Weg über Münster nehmen, dort ein bis zwei Tage bleiben, um mit der Rätin Nicolay einiges zu verabreden, und hierauf nach Wiedenbrück gehen, wo ich bis zehn Tage bei meinem Rudolf bleibe. Alsdann muss ich nach Sondermühlen, um mit der guten Gräfin noch einige Tage zuzubringen und meine Sachen zu ordnen … Dass dies beständige Wandern mir wehtut, ist natürlich, aber ich hoffe, die ewige Ruhe wird mir dereinst um so besser tun …"

$\mathcal{E}$ine prophetische Stimme, die am Klosterberuf Luises zweifelt, ist die der Gräfin Stolberg, die echte mütterliche Gefühle für ihre Freundin empfindet und nur schweren Herzens ihre Abwesenheit während der Aachener Jahre erträgt. „Ich weiß nicht, ob das Schwanken und Schweben, das Ihren erwünschen Klostereintritt begleitet, nicht doch ein Zeichen Gottes ist, Sie möchten andere Schwerpunkte in Ihrem Leben setzen."

Luise schweigt, ihr fehlt in diesem Augenblick die Antwort. Und so fährt die Gräfin fort: „Machen Sie sich einmal von Ihrem Lieblingswunsch los und fassen Sie frischweg einen anderen Lebensweg ins Auge. Mich dünkt", meint sie mit Blick auf die verschiedenen Einsätze an unterschiedlichen Orten, „bei diesem Ihrem Beginnen, das was gewiss aus Liebe zu Gott und zu dem Nächsten kam, haben manche Hindernisse angedeutet, dass Gott mit dem Willen zufrieden, die Ausführung nicht haben wollte."

Luise ist nachdenklich. Lebt sie nicht ein Leben, von dem viele Frauen ihrer Zeit nur träumen können? Sie blickt auf eine gute Ausbildung zurück, kann eigenständig über ihre Zukunft entscheiden, bestreitet ihren Lebensunterhalt überwiegend allein und kann unabhängig von ihrer Familie leben. Gewiss, diese Unabhängigkeit bringt viel Unruhe in ihr Leben. Sie muss sich ständig um ihre Lebensabsicherung bemühen, aber die Stellenangebote verhindern große finanzielle Sorgen. Auf einen Ehemann als „Ernährer", auf den viele Frauen in ihrer Umgebung angewiesen sind, kann sie gottlob verzichten. Ihr Leben wird ehelos bleiben.

Luise Hensel empfindet den ständigen Ortswechsel zwar als nötig, dennoch unangenehm, ja auch stressig. Sie träumt davon, endlich innerlich zur Ruhe zu kommen. Wie weit liegen die Berliner Jahre hinter ihr, als sie noch eine viel umschwärmte Salonnière war! An diese Zeit wird Luise erst recht erinnert, als sie vom Tode Johann Ludwig Wilhelm Müllers erfährt, der am 1. Oktober 1827 in Dessau gestorben ist und der sie zum Modell seiner Gedichte in „Die schöne Müllerin" und „Die Winterreise" gemacht hat. Dass er sie geliebt hat, ist ihr bewusst gewesen. Jetzt, da sie mit seinem Tod konfrontiert ist, wird ihr klar, dass es ihr damals nicht schwergefallen ist, sein Werben abzulehnen; einmal war er ihr nicht ernsthaft genug, zum anderen hatte sie sich schon damals eigentlich ein klösterliches Leben gewünscht. Bald darauf stirbt auch Schubert, erst 31 Jahre alt. Er hinterlässt ein reiches und vielfältiges Werk von Liedern, weltlicher und geistlicher Chormusik, Symphonien, Klavier- und Kammermusik.

In den letzten Tagen des Juni 1827 trifft Luise Hensel in der altem Kaiserstadt Aachen ein. Sie ist jetzt dreißig. Ihre pädagogische Erfahrung fußt auf ihrer Erziehungstätigkeit in Berlin, Münster, Düsseldorf, Sondermühlen und Wiedenbrück. Wenige Lehrerinnen haben eine so vielseitige Berufserfahrung wie sie. Sie hat hervorragende Kenntnisse in Geschichte und Geografie, Literatur und Sprachen. Daneben interessiert sie Astronomie, Physik und Naturgeschichte. Die eifrige Briefschreiberin informiert ihre besten Freunde über die neuen Aufgaben als Lehrerin an der Bildungsanstalt St. Leonhard in Aachen, darunter auch ihren Bruder Wilhelm in Rom. Es dauert nicht lange, da spricht sich ihr guter Ruf herum und die Zahl der Schülerinnen steigt kräftig. Die Schule wurde 1625 von dem Orden der Sepulchrinerinnen als Höhere Töchterschule im Heilig-Grab-Kloster St. Leonhard in der Aachener Franzstraße ins Leben gerufen. Die Leitung des Pensionats hat die Frau Rätin Nicolay. Den Oberpfarrer von

St. Nikolaus, der Klosterkirche der Franziskaner-Minoriten, Dr. Leonhard Aloys Nellesen, erwählt Luise zu ihrem „Seelenführer". Ihrer Mutter schreibt sie Näheres über ihre praktische Lebenssituation. Sie bekommt 250 Reichstaler an Gehalt, hat eine freie Wohnung mit Heizung und Licht und zahlt an die Rätin an „Kostgeld" 50 Reichstaler jährlich.

Luise hat sich in St. Leonhard nur für eine gewisse Zeit anstellen lassen. Denn wenn sie eine bestimmte Anzahl von Schülerinnen erreicht hat und ihr Ruf gefestigt ist, hofft sie endlich – ja, endlich –, ein Kloster zu finden, in das sie aufgenommen wird, oder zur Gräfin Stolberg in Sondermühlen zurückzukehren. Doch bald macht man ihr klar, dass die Schule ohne sie auf Dauer keine Überlebenschancen hat und sie bleiben müsse. Diese Verpflichtung wird von Pfarrer Nellesen nachhaltig unterstützt. Gräfin Stolberg stellt ihre eigenen Ansprüche an Luise zurück, denn sie ist überzeugt und teilt das ihrer Freundin auch mit, dass „Gott mit dem Willen zufrieden, die Ausführung nicht haben wollte".

Im Herbst 1828 freut sich Luise über die Rückkehr ihres Bruders Wilhelm aus Rom. Er hat in den letzten Jahren eine erstaunliche Karriere gemacht. 1821 war er maßgeblich an der Gestaltung einer Empfangsfeier für den russischen Zaren Alexander I. beteiligt. Das Fest wurde ein großer Erfolg, und König Friedrich Wilhelm III. belohnte den jungen Maler mit einem ansehnlichen Reisestipendium. So reiste Wilhelm und kam auch nach Rom, wo er die Werke Raffaels kopiert, als freischaffender Künstler arbeitete und die Künstlergruppe der Nazarener traf. Nun bekommt er vom königlichen Hof bald größere Aufträge. Um ihn auf dem Weg nach Berlin begrüßen zu können, reist Luise ihm bis Bamberg entgegen. Fast gleichzeitig kommt Clemens Brentano von seiner Schweiz-Reise zurück, die ihn in Regensburg mit Bischof Johann Michael

Sailer zusammenführt. Brentano verbringt dort „drei Wochen wie im Vorhimmel bei dem frömmsten, fried- und liebevollsten, kindlichen Priestergreise, Freude nehmend und gebend". Hier trifft er auch seinen Freund, den aus einem Patriziergeschlecht stammenden Melchior von Diepenbrock aus Bocholt in Westfalen wieder, der bei Sailer den Dienst eines priesterlichen Sekretärs versieht und geistliche Gedichte übersetzt. 1845 wird der als Bischofskandidat gehandelte Diepenbrock Kardinal und Fürstbischof im Erzbistum Breslau.

Luise Hensel hat ebenfalls zahlreiche neue geistliche Lieder verfasst. Sie könnten inzwischen ein ansehnliches Buch füllen. Einige werden nun in die Sammlung von Diepenbrock übernommen, doch ihr Name wird nicht erwähnt. „Wenn der gute Melchior auf diese Weise meine Lieder umgeändert, verbessert und mit Auswahl herausgibt, kann ich nichts dagegen haben", meint die Autorin dazu. Die Sammlung erscheint im Frühjahr 1829 unter dem Titel „Blumenstrauß aus spanischen und deutschen Dichtergärten, den Freunden der christlichen Poesie dargeboten". Luises Beiträge, die Kenner schnell identifizieren, finden begeisterten Anklang.

### Beim Lesen der Heiligen Schrift

*Immer muss ich wieder lesen*
*in dem alten, heil'gen Buch,*
*wie der Herr so sanft gewesen*
*ohne Arg und ohne Trug;*


*wie er ließ die Kindlein kommen,*
*wie er hold auf sie geblickt*
*und sie in den Arm genommen*
*und an seine Brust gedrückt;*

*wie er Hülfe und Erbarmen*
*allen Kranken gern erwies,*
*und die Blöden und die Armen*
*seine lieben Brüder hieß;*

*wie er keinem Sünder wehrte,*
*der mit Reue zu ihm kam,*
*wie er freundlich ihn belehrte,*
*ihm den Tod vom Herzen nahm.*

*Immer muss ich wieder lesen,*
*les' und weine mich nicht satt,*
*wie der Herr so treu gewesen,*
*wie er uns geliebet hat.*

*Hat die Herde mild geleitet,*
*die sein Vater ihm verlieh'n;*
*hat die Arme ausgebreitet,*
*alle an sein Herz zu ziehn.*

*Lass mich knien zu deinen Füßen,*
*Herr, die Liebe bricht mein Herz;*
*lass in Tränen mich zerfließen,*
*untergehn in Wonn' und Schmerz.*

Neben ihrer erfolgreichen Erziehungsarbeit und Begegnungen mit artverwandten Seelen widmet Luise viel Zeit einer umfangreichen Korrespondenz. Briefe sind ja noch die einzige Möglichkeit eines umfassenden Austausches. Entsprechend lang sind sie und im Stil der damaligen Zeit mit blumigen Worten gewürzt. Intensiv widmet sie sich den ihr anvertrauten Kindern, von denen viele unter ihnen ihr Freude machen, „sich lieblich entwickeln und manche zu schönsten Hoffnungen berechtigen". Sie nennt Marie Everken aus Paderborn „eine ihrer liebsten und anhänglichsten Schülerinnen". Sie wird später Gattin des Medizinalrates Dr. Schmidt in Berlin. Dann fällt Pauline von Mallinckrodt auf, 1817 geboren, begabte Tochter des damaligen Regierungspräsidenten Detmar von Mallinckrodt in Aachen, die später für Luise Hensels Ruhesitz im Alter sorgt.

Ihre „zweite Mutter" nennt Anna von Lommessen ihre Lehrerin. Mit großer Liebe hängen die Schwestern Klara und Netta Frey sowie Franziska Schervier, Aachener Kinder, die St. Leonhard besuchen, an Luise Hensel. Und es sind eine Reihe anderer begabter Mädchen, die später mit berühmten Persönlichkeiten verheiratet sind, die in dieser Bildungsanstalt ihre schulische Ausbildung erhalten.

Luise wird auch von den Eltern ihrer Schülerinnen hoch verehrt. Schon ihre äußere Erscheinung wird gelobt. Sie trägt ein schlichtes Gewand, eine weiße Haube, die ihr ein klösterliches Aussehen vermittelt. Ihre „Vergissmeinnichtaugen" bleiben allen im Gedächtnis. Die Schülerinnen sind von der Art ihrer Wissensvermittlung begeistert, sie ist fesselnd und anregend. Auch in den Stunden der Erholung trennt sie sich nicht von ihren Schülerinnen, deren Spiele sie begeistert mitträgt. In der Mittagszeit wandeln sie im Garten und jedes junge Fräulein bemüht sich, eine Weile Luises Arm zu erhaschen. „Wie manchmal denke ich an St. Leonhard", schreibt Anna von Lommessen Jahre danach, „an Ihr Zimmerchen, an die liebe Muttergottesstatue vor demselben, die meine ersten Eindrücke teilte, vor der ich so viel gebetet habe." Und: „Könnt ich noch mal wie in St. Leonhard Ihnen ‚Gute Nacht' wünschen, nachdem ich ein Stündchen vor Ihnen gesessen und geplaudert hätte! O selige Zeit!" Luise nennt die Zeit in Aachen „die glücklichste und gesegnetste ihres Lebens". Denn mit Recht kann sie auf einige ihrer Schülerinnen verweisen, die zu Ordensgründerinnen berufen sind.

Anna von Lommessen sucht ihre Lebensmitte im Orden von „Sacré Coeur" und bringt es zur Oberin in Warendorf. Klara Fey gründet in Aachen die Genossenschaft der „Schwestern vom armen Kinde Jesu", Franziska Schervier die der „Armen Schwestern vom hl. Franziskus". Pauline von Mallinckrodt widmet sich blinden und armen Menschen und ruft als Stifterin und Generaloberin die „Genossenschaft der Schwestern der christlichen Liebe" ins Leben. „Sie sind es doch, die den Keim allen Glücks in meine Seele niedergelegt haben", bekennt sie der einstigen Lehrerin. So wird Luise Hensel vielen zum Leitstern ihres Lebens. „Mehr ist ein Segen als zehntausend Kronen", weiß die Dichterin Annette von Droste-Hülshoff. Im Vergleich zu Luise ist Annette eine Aufmüpfige, die nicht einfach hinnimmt, was andere von ihr erwarten oder fordern. „… es mag mir mitunter schaden, dass ich so starr meinen Weg gehe", schreibt sie, „und nicht die kleinste Pfauenfeder in meinem Krähenpelz leide, aber dennoch wünsche ich mir, dies würde anerkannt."

Mit dem steigenden Bekanntheitsgrad der Bildungsanstalt in Aachen haben sich auch die Ansprüche an Luise gemehrt. Sie spürt nicht nur die Erwartungen, die an das Lehrpersonal gestellt werden, sie erkennt auch, dass sie sich zu viel zugemutet hat und allmählich an die Grenzen ihrer Schaffenskraft stößt. Der Körper meldet sich. Sie beginnt zu kränkeln. Ein Hals- und Brustleiden macht sich bemerkbar. Der Arzt schickt sie am 24. Mai 1831 zur Erholung aufs Land.

In der Nähe von Burtscheid verbringt sie auf einem Bauern-
hof „14 Tage fern vom Geräusche der Welt, losgebunden von
ihren täglichen Pflichten". Hier gefällt es ihr so gut, dass sie
im nächsten Jahr abermals die Stille dieses Ortes aufsucht und
den beginnenden Frühling genießt. Und sie ahnt auch, wie
das Leben schwindet und kein Lenz wiederkehrt.

### Kein Frühling mehr

*Es sitzt in trauter Zelle*
*am Fenster ein Mägdlein bleich*
*und schaut hinab in die Welle,*
*da rollen zwei Perlen helle*
*wohl in das Wasser gleich.*

*Sie hört eine Flöte von Weitem,*
*sie blickt auf Schilf und Rohr;*
*da keimen verlorene Freuden,*
*da sprossen vergessene Leiden*
*ihr frisch im Herzen empor.*

*Die Welle rinnt und schäumet,*
*grün Laub schmückt wieder den Baum.*
*Ach, Frühling, hast lange gesäumet!*
*Nur ist mir, als hätt' ich geträumet*
*ein'n langen, schweren Traum.*

*Ich weiß, der Lenz schwebt nieder,*
*ich weiß wohl: Es ist Mai;*
*doch kehren dieselben Lieder,*
*dieselben Blumen nicht wieder;*
*ist alles anders und neu.*

„In den letzten zwei Jahren, wo meine Gesundheit wankt und sich ein drohendes Lungenleiden einstellte, wo mir das laute Sprechen, zuweilen auch das Flüstern selbst eine Unmöglichkeit war, schickte mich der Arzt zu einer drei- bis vierwöchigen Ausruhe aufs Land. Jeder Besuch war verboten, auch die Unterhaltung mit der guten Bäuerin, die mir dreimal des Tags frisch gemolkene Milch zu reichen hatte, bestand nur in einem freundlichen Kopfnicken. Der einsame Hof lag wunderschön und still abseits auf einem kleinen Hügel. Mir war unbeschreiblich wohl in der grünen Einsamkeit, wo ich mir vornahm, mich allein mit Gott zu beschäftigen; aber da spielte mir meine Naturliebe manchmal einen Streich …"

Da sich ihr Krankenstand nicht bessert, fasst Luise im Sommer 1832 den Entschluss, sich aus Aachen zurückzuziehen. Da die städtische Schulkommission die beiden unteren Klassen zugunsten der Schule St. Stephan aufzuheben gedenkt, fällt das Weggehen nicht so schwer. Die Bürokratie beschert ihr einen trockenen Abschied, der sie verletzt. Sie fühle sich „im Gemüte recht krank und verwundet", schreibt Luise an den Dichter und Philosophen Professor Christoph Bernhard Schlüter in Münster. „Ach, wie flüchtig sind alle Freuden auf Erden", bekennt Luise ihm in dem Brief. „Ich war so froh in Münster und ahnte nicht, welch bittere Stunden meiner hier schon warteten. Doch wie Gott will …" Freundin Appolonia Diepenbrock eilt herbei, die Einsamkeit in Burtscheid mit ihr zu teilen.

Im Frühjahr ist, von der literarischen Welt betrauert, der Dichterfürst Johann Wolfgang von Goethe in Weimar gestorben. Luise hat nicht so recht Zugang zu ihm gefunden. Seine Dichtkunst in Ehren, aber er war ein Mensch, der das Rampenlicht gewöhnt war und zu menschlichen Nöten nur schwer Zugang fand. Nein, Goethe liebte keine Krankheiten und keine Todesfälle, obgleich sie doch zum Leben gehören. Bei solchen Ereignissen zog er sich auf die Dornburger Schlösser hoch über der Saale zurück und verdrängte das Unheil. Selbst als seine Frau Christiane, geb. Vulpius, sterbenskrank war und ihr das Nierenversagen im Nebenzimmer furchtbare Schmerzensschreie entlockte, fand Goethe nicht die Kraft, zu ihr zu gehen und ihr Beistand zu leisten. An ihrer Beerdigung nahm er nicht teil.

*I*n Berlin verlangen die Mutter und der Bruder nach Luise. Doch sie lässt sich von Frau von Fisenne umstimmen, den Winter noch in Aachen zu verbringen. Ihre Tochter ist ins Kloster der Karmelitessen in Lüttich eingetreten und sie fühlt sich einsam. Inzwischen sind in der Stadt einige Cholerafälle aufgetreten, die Luise zum Handeln zwingen. Doch die Pflege schwächt ihre Gesundheit abermals, sie bekommt eine Erkältung und nervöses Fieber, die sie längere Zeit ans Bett fesseln. Als sie halbwegs gesund ist, fährt sie mit Frau von Fisenne nach Lüttich, wo sie im Karmelitessenkloster alte Freundinnen trifft.

Ein Ereignis im Leben Luise Hensels ist aus dieser Zeit noch erwähnenswert: Der Kreisphysikus von Aachen und Hausarzt in St. Leonhard, Dr. Clemens August Alertz, hält um ihre Hand an. Er wartet eine passende Gelegenheit ab und fällt nicht mit der Tür ins Haus. Luise wundert sich, dass er bei seinen Besuchen etwas länger als üblich – oder schicklich, wie man sagt – bleibt, bis er sich eines Abends ein Herz fasst und sein Anliegen unumwunden ausspricht. Luise ist einen Augenblick perplex, mit diesem Ausgang der Begegnung hat sie nicht gerechnet, doch schnell sammelt sie sich.

„Sie irritieren mich, lieber Herr Dr. Alertz. Den Gedanken, mich zu vermählen, habe ich lange nicht mehr erwogen. Seit mein Entschluss feststeht, in ein Kloster einzutreten oder selbst eine religiöse Gemeinschaft zu gründen, kommt ein solches Ansinnen höchst überraschend und muss ernsthaft bedacht werden. Ich möchte Sie bitten, jetzt keine Antwort von mir zu erwarten, sondern mir Bedenkzeit zu geben, obgleich ich sie eigentlich nicht benötige. Denn heiraten – o Gott, wo komme ich da hin?"

Dass dieser „liebenswürdige, edle und schöne Mann" ihr das „süßeste Lebensglück" anbietet, ehrt sie dennoch. Schließlich hat sie auch eine Verantwortung sich selbst gegenüber und muss an die Zukunft denken. Luise traut sich nicht, eine eigene Entscheidung zu treffen und sucht Hilfe bei ihren geistlichen Freunden. Schließlich hat sie 1820 vor ihrem „Seelenführer", dem Jesuitenpater Heinrich Wüsten, das Gelübde der Ehelosigkeit abgelegt. Sie staunt, wie schnell die Briefe, die sie an Kaplan Hensing und Pater Wüsten schickt, beantwortet sind. Beide beschwören sie, ihren einmal beschrittenen Lebensweg nicht zu verlassen und sich ihrer vielfältigen Hilfsmöglichkeiten für ihre Mitmenschen zu erinnern. Und so bleibt sie bei ihrem Entschluss, „Jungfrau zu bleiben und dem Heiland in seinen Leiden zu dienen".

Dr. Alertz hat geahnt, dass sein Wunsch abschlägig beantwortet werden würde, doch jetzt möchte er auch nicht länger in Aachen bleiben. Er reist nach Rom, wird dort Leibarzt Gregors XVI. und später konsultierender Arzt des ihm freundschaftlich verbundenen Pius IX.

*1829* bricht Felix Mendelssohn zu seiner großen mehrmonatigen Bildungsreise nach England und Schottland auf. Frauen ist dieser Vorteil verwehrt, ihre Bestimmung erschließt sich im häuslichen Bereich. Der Aufenthalt inspiriert den Komponisten zu seiner Konzertouvertüre „Die Hebriden" und zu seiner „Schottischen Symphonie Nr. 3". Allerdings benötigte er noch einige Jahre, bis er seine „Schottische" vollendet und Queen Victoria widmet; ein sicheres Indiz dafür, wie sehr ihn die Reise nach England und Schottland beeindruckt hat.

Doch dieses Jahr ist zugleich Fannys Verlobung mit dem preußischen Hofmaler Wilhelm Hensel, dem Bruder von Luise. Beide sind im Hause Staegemann gern gesehene Gäste gewesen.

Fanny ringt um ihre Rolle in einer von Männern dominierten Welt. In einem Brief an den deutschen Beamten, Diplomaten und Schriftsteller Karl Klingemann schreibt sie: „Beinahe hätte ich vergessen, Ihnen zu danken, dass Sie erst aus meiner Verlobungskarte geschlossen haben, ich sei ein Weib wie andre, ist doch ein Bräutigam auch ein Mann wie andre. Dass man übrigens seine elende Weibsnatur jeden Tag, auf jeden Schritt seines Lebens von den Herren der Schöpfung vorgerückt bekommt, ist ein Punkt, der einen in Wut und somit um die Weiblichkeit bringen könnte, wenn nicht dadurch das Übel ärger würde."


*N*ach 14-jähriger Abwesenheit, in der sie ihre Mutter nur einmal in Schlesien wiedergesehen hat, kommt Luise Hensel im Frühjahr 1833 nach Berlin zurück. Zwei Jahre vorher ist die Mutter mit ihrer Tochter Wilhelmine aus Schlesien wieder in die preußische Hauptstadt gezogen. Ihr Sohn Wilhelm hat nach der Rückkehr aus Italien Fanny Mendelssohn geheiratet. Seit 1829 darf er sich königlicher Hofmaler nennen und seit 1831 ist er Professor der Geschichtsmalerei an der Berliner Akademie der Künste.

Sind die Ereignisse in der eigenen Familie an Luise Hensel vorbeigegangen, ohne dass sie sie zur Kenntnis nimmt? In ihren Aufzeichnungen ist von der Ehe ihres Bruders Wilhelm mit einer der begabtesten und schönsten Komponistinnen und Pianistinnen der Zeit nicht die Rede.

Es ist in dieser Zeit üblich, die Töchter gegenüber den Söhnen zu vernachlässigen. Ihren beruflichen Neigungen können sie häufig nicht nachgehen. Das hat schon Goethes Schwester Cornelia hinnehmen müssen und so erlebt es auch Fanny Hensel. Immerhin kann sie sich rühmen, im Hause Leipziger Straße 3 in Berlin Sonntagskonzerte zu arrangieren, an denen berühmte Künstler der Zeit teilnehmen. Die Zuhörerschar beträgt manchmal 300 Personen. Bach, Gluck, Beethoven kommen zu Ehren, aber auch die Mendelssohn-Geschwister tragen vor, was sie komponiert haben. Robert und Klara Schumann, Franz Liszt, der Geiger Joseph Joachim, die Sängerin Henriette Sontag, nach ihrer Nobilitierung Henriette von Klarenstein, die Komponistin, Musikpädagogin und Salonnière Johanna Kinkel hören begeistert zu. Die Geschwister Mendelssohn Bartholdy wagen sich auch an größere Werke: an die Oper von Christoph Willibald Gluck „Orfeo ed Euridice" zum Beispiel oder an das grandiose Werk „Paulus" von Felix Mendelssohn-Bartholdy.

*W*ilhelm Hensel hat viel Ausdauer bewiesen, bevor er seine Fanny ehelichen konnte: 1821 haben sie sich kennengelernt. Bleibt der Kontakt geheim – etwa weil die Familie jüdisch ist, auch wenn sie sich haben taufen lassen? Immerhin sind auch die Mendelssohns skeptisch: Eine Verlobung soll vor dem mehrjährigen Studienaufenthalt Wilhelm Hensels in Italien nicht stattfinden, auch jeglicher Kontakt wird untersagt, keine Briefe, rein gar nichts. Doch Wilhelm weiß einen Ausweg: Er verschickt Zeichnungen, das sind keine Worte, und Fanny antwortet mit vertonten Gedichten des unglücklichen Freundes Wilhelm Müller. Wilhelm Hensel bringt 47 Mappen mit heim, gefüllt mit 1027 Porträtköpfen von Staatsmännern, Gelehrten, Künstlern, Dichtern und Sängern. Auch ein Bild Luises wird dem Zyklus einverleibt. Theodor Fontane nennt Hensel scherzhaft „Wilhelm der Reimer", im Kern kein Dichter, doch die Sammlung seiner geflügelten Worte wäre geneigt, ein Witz- und Anekdotenbuch zu füllen. Felix' Lieblingsschwester Fanny ist nicht nur eine Meisterin auf dem Piano, sie versteht es auch, Chöre zu leiten, was sie bei den Sonntagskonzerten meisterlich zeigt. Der aus Prag stammende Eduard Hanslick, ein österreichischer Musikästhetiker und einer der einflussreichsten Musikkritiker seiner Zeit, sagt über den Vater der begabten Geschwister, „dass Abraham, welcher Musik weder praktisch noch theoretisch jemals getrieben, dennoch über Kompositionen seines Sohnes Felix treffende, sogar ins Detail gehende Urteile fällt". Felix war sich nicht zu schade festzustellen, er sei nur der Sohn eines berühmten Vaters und dieser der Vater eines berühmten Sohnes – oder vielleicht auch nur der Gedankenstrich zwischen Moses und Felix.

Einige Sonnenstrahlen, die den begabten Felix treffen, bescheinen auch den Vater. Am 14. Oktober 1835 trifft Felix mit Isaak Moscheles, einem böhmischen Komponisten, Pianisten und Musikpädagogen von Berlin kommend in Leipzig ein. Nun beschließt die Runde, die Gesellschaft im Hensel'schen Gartenhaus möge einschließlich Fannys Flügel über den Hof nach vorn ziehen und dort musizieren. Eine solche Nachricht bleibt nicht geheim; die Freunde erfahren davon und stellen sich ein. Zwei Abende hindurch hallen die Töne von den Wänden des Hauses und klingen in die Vorgärten und Nebenstraßen hinein. Als Felix nach Leipzig zurückfährt, ahnt er nicht, dass er seinen Vater zum letzten Mal gesehen hat. Vier

Wochen später schließt er für immer die Augen, von seinen Kindern und seiner Frau zutiefst betrauert. Abraham Mendelssohn-Bartholdy, Schwiegervater von Wilhelm Hensel, verscheidet am 19. November 1835. Er war eines von zehn Kindern des jüdischen Philosophen und Aufklärers Moses Mendelssohn und seiner Gattin Fromet Gugenheim und zudem Bruder des Bankiers Joseph Mendelssohn und Onkel der Maler Jonas und Philipp Veit.

„Ich hatte ihn sehr lieb und er mich", urteilt Luise. „Es tat mir immer weh, ihm den Trost des Glaubens nicht so recht geben zu können. Er war Deist wie sein Vater, getauft, aber wohl nicht überzeugt. Gegen Ende hin war auch er sehr milde …"
Luise hatte Abraham Mendelssohn im Alter immer weicher und zugänglicher erlebt und gern mit ihm diskutiert. Gegenüber Clemens Brentano bedauert sie allerdings, dass der rührige Bankmensch von der philosophischen Erbschaft seines Vaters Moses Mendelssohn so wenig mitbekommen hat und den Trost der Religion entbehren musste. Er hatte seine Kinder christlich erzogen, „weil es die Glaubensform der meisten gesitteten Menschen" sei, wie er Fanny bereits anlässlich ihrer Konfirmation verdeutlichte. Diese noch so gut gemeinte Erklärung konnte eine tiefgläubige katholische Luise Hensel nicht zufriedenstellen. Dorothea und Henriette Mendelssohn haben sich der katholischen Religion angeschlossen. Die kunstbegabte Dorothea wurde Gattin des Dichters Wilhelm Friedrich Schlegel, seit 1814 „von" Schlegel.


Felix Mendelssohn Bartholdy trifft im Sommer 1836 in Frankfurt die Frau seines Lebens, Cécile Jeanrenaud, deren Familie am Fahrtor wohnt. Schon Felix' Vater Abraham pflegte Beziehungen zur Mainmetropole, wohnt doch dort seine Schwester Dorothea, die mit Friedrich Schlegel verheiratet und dabei ist, sich einen Namen als Schriftstellerin zu machen. Schon als junger Pianist war Felix in Frankfurt dem Cäcilienchor verbunden, den er von 1832 an häufig dirigierte und vorübergehend auch leitete. Den Chor zu übernehmen, lehnte er ab, das Angebot des Gewandhausorchesters in Leipzig erschien ihm attraktiver. Seine erste Begegnung mit Cécile Jeanrenaud, einer Tochter des damals schon verstorbenen reformierten Predigers Auguste Jeanrenaud, hat Felix am 4. Mai 1836, als er für den erkrankten Leiter des Cäcilienchors einspringen soll. Er verliebt sich auf der Stelle in die hübsche Frau. Seinem Freund Ferdinand Hiller vertraut Felix seine Gefühle an. Er habe über nichts anderes reden können als über seine Liebe zu Cécile, berichtet Hiller später.

Im August 1846 dirigiert Felix Mendelssohn Bartholdy die Uraufführung seines zweiten Oratoriums „Elias". Es ist ein großartiges Erlebnis. Ein Chronist berichtet aus der Town-Hall der Industriestadt Birmingham: „Alle Augen waren auf das Pult gerichtet, als ein ohrenbetäubender Schrei aus Chor und Orchester den großen Komponisten ankündigte. Im selben Moment flutete die Morgensonne das mächtige Gebäude mit Licht zu Ehren des hellen, reinen Wesens, das da stand!" Ist Felix eine Art Messias der Musik? Jedenfalls steht er auf dem Gipfel seiner glanzvollen Laufbahn.

Und seine Schwester? Ein Musikleben spricht man Fanny ab. Frauen haben andere berufliche Aufgaben als Männer. Wie hatte ihr Vater doch gesagt: „Die Musik wird für Felix vielleicht Beruf, während sie für dich stets nur Zierde, niemals Grundbasis deines Seins und Tuns werden kann und soll. Ihm ist daher Ehrgeiz, Begierde, sich geltend zu machen in einer Angelegenheit, die ihm wichtig vorkommt, weil er sich dazu berufen fühlt, eher nachzusehen, während es dich vielleicht nicht weniger ehrt, dass du von jeher dich in Dorothea Tieck diesen Fällen gutmütig und vernünftig bezeugt und durch deine Freude an dem Beifall, den er sich erworben, bewiesen hast, dass du ihn dir an seiner Stelle auch würdest verdienen können. Beharre in dieser Gesinnung und diesem Betragen. Die sind weiblich, und nur das Weibliche ziert und belohnt die Frauen."

Dem widerspricht Fanny auf der ganzen Linie. Ein schöpferischer Genius lässt sich nicht unterdrücken. Im Sommer 1846 erscheint auch das op. 1 von Fanny Hensel: sechs Klavierlieder. Erst im Alter von 40 Jahren wagt sie es, ein Werk gegen den Willen ihres gefeierten Bruders Felix zu veröffentlichen. Beide kennen die Vorurteile ihrer Zeit und Felix tut nichts, sie aus Liebe zu seiner Schwester ad acta zu legen: Frauen sind begabt für kleine, lyrische Stücke, aber für größere Formen fehle ihnen die Kraft. Und: Frauen der höheren Kreise sollten nicht professionell arbeiten. Fannys Wirken ist auf einen übersichtlichen, privaten Raum beschränkt. Felix dagegen steht die Welt offen. In aller Stille schreibt Fanny Hunderte von exzellenten Liedern und Klavierstücken. Und sie wagt sich auch an bedeutende Werke größeren Formats. Ihre häuslichen „Sonntagsmusiken" mit Gästen bleiben unvergesslich.

Felix kennt aber auch Augenblicke, in denen er die Fähigkeiten seiner Schwester neidlos anerkennt. Fanny Hensels Stücke sind durchweg etwas länger als die ihres Bruders, sie fordern vom Pianisten auch deutlich virtuosere Fähigkeiten. Und sie nehmen sich größere harmonische und formale Freiheiten heraus, die oft auch eine subtilere Tonsprache mit sich bringen. Felix schreibt an seinen Bruder Paul: „Was es für ein Gefühl ist, nach langer Zeit zum ersten Mal wieder Musik zu hören, das habe ich gestern empfunden. … Mir ging kein gesunder Gedanke durch den Kopf, um mich herum waren nur Musiker, aber keine Musik, und schon wollte ich mich zwingen, doch irgendeinen Geschmack an ihren Machwerken zu finden, da kamen Fannys Lieder. Ich denke, es ist die schönste Musik, die jetzt ein Mensch auf der Erde machen kann. Wenigstens hat mich nie etwas so durch und durch belebt und ergriffen … Solche Lieder werden nie wieder gemacht … Das ist die innere, innerste Seele von der Musik … Solche Musik habe ich nie gehört; auch werde ich in meinem Leben nichts Ähnliches machen; das tut aber nichts, wenn's nur in der Welt ist; einerlei, wer es ausgesprochen hat."

Was hatte einst ihr Lehrer Carl Friedrich Zelter vor Jahren an Goethe über ihre Fähigkeiten als Pianistin, dem damaligen Zeitgeist entsprechend, geschrieben? „Sie spielt wie ein Mann." Das ist das höchste Lob für eine Frau.

*L*uise Hensel versucht, in der katholischen Gemeinde die Lücke zu füllen, die die 1831 verstorbene Henriette Mendelssohn hinterlässt. Jemand der sich besonders darüber freut, ist Propst Nikolaus Fischer, der Leiter der kleinen katholischen Gemeinde. Die Öffentlichkeit, einschließlich der regierende Hof, sind den Katholiken gegenüber skeptisch, ja ablehnend eingestellt. König Friedrich Wilhelms III. „nichts weniger als lieb freundliche Stimmung" kennt Propst Fischer zu Genüge, denn er ist der Beichtvater der Kronprinzessin Elisabeth von Preußen, eine geborene Prinzessin von Bayern, die als Katholikin an den Hof kommt, aber dann die Konfession wechselt. Es war ihr nicht erlaubt, an Gottesdiensten in der katholischen St. Hedwigskirche teilzunehmen. Die Verhältnisse änderten sich unter Friedrich Wilhelm IV. zum Besseren. 1843 werden zum ersten Mal junge Menschen in Berlin gefirmt.

Luise Hensel kommt sich in der ersten Zeit in der Landeshauptstadt nach vielen Jahren der Abwesenheit fremd vor. Sie baut sich allmählich einen Freundeskreis auf, von dem sie annimmt, dass er ihres Glaubens und ihrer Gesinnung gemäß zu ihr passt. Darunter sind Marianne Saaling, die mit der Familie Mendelssohn, vor allem mit Fanny, befreundet ist, und Dorothea Tieck, die älteste Tochter von Ludwig Tieck, für den sie mit Wolf Heinrich Graf von Baudissin Übersetzungen zahlreicher Werke William Shakespeares, aber auch anderer Autoren aus dem Spanischen und Englischen anfertigt.

Die Spannungen zwischen der starken evangelischen Kirche in Preußen und den Diaspora-Katholiken lassen sich auch am Beispiel des Professors Georg Philipps und seiner Frau Charlotte nachvollziehen. Sie stammen aus einer französisch-reformierten Kirche, traten aber nach Jahren zur katholischen Kirche über. In diesem Augenblick war es mit der steilen Karriere des jungen Mannes, der mit 23 Jahren bereits außerordentlicher Professor war, vorbei. Sein Gönner, Minister von Altenstein, wandte sich von ihm ab und gab ihm zu verstehen, dass er während seiner Amtszeit nicht mehr mit einer Beförderung rechnen könne. Die Karriere an preußischen Hochschulen endete unsanft. Doch dann meldet sich die Bayrische Regierung bei ihm und beruft ihn 1833 nach München, wo Professor Georg Philipps seine Forschungsarbeiten fortsetzen kann. Mit Charlotte Phillipps steht Luise Hensel auch weiter in regem Kontakt, bis die Freundin Ende der 1840er Jahre allmählich erblindet und ihr das Schreiben unmöglich wird.

Es sind außergewöhnliche Persönlichkeiten, mit denen Luise in Berlin zusammentrifft oder im Briefaustausch steht, Menschen, die nach ihrem Verständnis katholisch und auf Mitmenschlichkeit und tätige Liebe eingestellt sind. Über ihre eigenen Befindlichkeiten und Sorgen schreibt sie am 18. November 1834 an Brentano:

„Lieber Clemens! Schon lange war es mir, als müsste ich, auch ohne etwas von Dir gehört zu haben, Dir einmal wieder schreiben; nun aber vor allem meinen herzlichen Gruß und Glückwunsch zum Namenstage, an dem ich Deiner gewiss treu gedenken werde. Gott segne Dich und gebe Dir das Beste und Heilsamste! Ich denke, dieses Blatt wird gerade am 23. Dich erreichen, und darum schreib' ich Dir heute durchaus, so wenig Zeit ich auch habe.

Die kleine Haushaltung meines Bruders, deren Obliegenheiten mir jetzt fast ganz übergeben sind, und sein vier Jahre alter Knabe beschäftigen mich zum größten Teil des Tages. Dabei wird meine alte Mutter täglich schwächer, und ich bin daher viel bei ihr; sie wohnt uns ganz nahe, was mir jetzt eine große Erleichterung ist. Von Dir spricht sie jetzt oft mit einer ganz eigenen Weichheit und sagte mir auch noch vor Kurzem: ‚Ich habe eine wahre Sehsucht, Brentano einmal wiederzusehen; wenn Du ihm schreibst, grüße ihn doch von mir.' Ich tue es hiermit und bitte Dich, lieber Clemens, für sie zu beten. Sie geht wohl sichtlich ihrem Ende entgegen. Gott erhalte sie uns noch einige Jahre, wenn es ihr und uns heilsam ist, und gebe ihr dann ein gutes Ende.

Deine Schwester Bettine wirst du später gesehen haben als ich. Ich habe sie hier einige Male besucht und muss sie noch immer lieb haben, obgleich unsere Wege sehr verschieden sind. Es ist viel Unverwüstliches in dieser reichen, schönen Natur; wie schade, dass sie der Kirche sich entfremdet hat. Die Herausgabe ihrer Briefe betrübt mich wie Dich. Sie hat in ihrer Aufrichtigkeit mir die Stelle Deines Briefes vorgelesen, und ich habe ihr gesagt, dass ich in der Hauptsache mit Deinem Urteil übereinstimme, dass es mir wehtue, sie dem spottenden Urteil des Publikums preisgegeben zu sehen, dass es mir aber am meisten wehtue, sie, die eines besseres Gottes wert sei, ganz in der Anbetung Goethes untergehen zu sehen. Sie lachte natürlich über alle meine Äußerungen, las mir aber manche schöne Stelle aus ihren Briefen vor und bewies mir Freundlichkeit und zuweilen sogar Vertraulichkeit bis zur Abreise. Möge diese liebe Seele wieder zum Heil gelangen! Ich weiß, dass Du sie liebst und treulich für sie betest, und gern will ich dasselbe tun."

Worauf sich Luise in diesem Brief bezieht, ist eine Sache, die Anlass für viel Gerede gab: Bettine Brentano, die Schwester von Clemens Brentano, war gerade dabei, ihren Briefwechsel mit Goethe herauszugeben. Ein Jahr später, 1835, sollte er unter dem Titel „Goethes Briefwechsel mit einem Kinde" ein großer Verkaufserfolg werden und das Goethe-Bild einer ganzen Generation prägen. Allerdings war Bettine schon Jahre zuvor durch ihre übertriebene Verehrung Goethes aufgefallen und hatte sich dem Dichterfürsten beinahe aufgedrängt. Als junge Frau hatte sie die Freundschaft zu Goethes Mutter gesucht und dem Dichterfürsten selbst schwärmerische Briefe geschrieben, die dieser zunächst ignorierte, bevor sich dann doch ein Briefwechsel entspann. Wenige Jahre darauf, Bettine hatte gerade erst Achim von Arnim geheiratet, kam es zu einem öffentlichen Streit über irgendeine Kleinigkeit zwischen Bettine und Goethes Frau Christiane. Goethe sprach daraufhin dem Ehepaar von Arnim, das er als „die Tollhäusler" bezeichnete, Hausverbot aus. Wiederholt versuchte Bettine, den Briefwechsel mit Goethe wieder aufzunehmen, doch er ignorierte ihre Bemühungen hartnäckig. Nun, über zwanzig Jahre später – Bettine war seit wenigen Jahren verwitwet –, kulminierte ihre Verehrung Goethes in der Herausgabe der durch sie stark bearbeiteten Briefe.

Seit dem Tod ihres Mannes 1831 lebte Bettine fast ausschließlich in Berlin und widmete sich verstärkt ihrer schriftstellerischen Tätigkeit. Sie pflegte lebhafte Kontakte zu vielen bedeutenden Zeitgenossen und nahm offen Partei für die Demokratie, engagierte sich karitativ und sozialpolitisch und trat für die Rechte der Frauen ein. So schrieb sie sozialkritische Werke, die zum Teil von der preußischen Zensur verboten wurden.

Dass Luise Hensel aufgrund ihrer Erziehung und ihres Lebensweges mit der Entwicklung Bettines nicht einverstanden ist, überrascht nicht. Luise misst alles an den Vorgaben der katholischen Lehre und ihrer Auslegung. Und dennoch dichtet sie:

*Auf diesem Hügel überseh ich meine Welt!*
*Hinab ins Tal, mit Rasen sanft begleitet,*
*vom Weg durchzogen, der hinüberleitet,*
*das weiße Haus inmitten aufgestellt,*
*was ist's, worin sich hier der Sinn gefällt?*

*Auf diesem Hügel überseh ich meine Welt!*
*Erstieg ich auch der Länder steilste Höhen,*
*von wo ich könnt die Schiffe fahren sehen*
*und Städte fern und nah von Bergen stolz umstellt,*
*nichts ist's, was mir den Blick gefesselt hält.*

*Auf diesem Hügel überseh ich meine Welt!*
*Und könnt ich Paradiese überschauen,*
*ich sehnte mich zurück nach jenen Auen,*
*wo Deines Daches Zinne meinem Blick sich stellt,*
*denn der allein umgrenzet meine Welt.*

*L*uises Mutter wird immer kränklicher und nimmt die Hilfe ihrer Tochter zunehmend in Anspruch. Als Wilhelm Hensel mit seiner Frau Fanny und dem 1830 geborenen Sohn Sebastian sowie der Schwester Minna 1835 eine viermonatige Reise ins Ausland antreten, zieht Luise ganz zur Mutter. Sie bezeichnet es als „wahres Lebensglück", ihr das Leben ein wenig zu versüßen. Der Sorge wird sie am 4. Oktober 1835 mit dem Tod der Mutter enthoben. Wie zum Trost veröffentlicht Felix Mendelssohn Bartholdy drei Lieder seiner Schwester.

Später, als die Mutter begraben ist, erinnert sich Luise: „Diese letzten vier Monate des Lebens meiner lieben alten Mutter sind mir unschätzbar. Sie litt an Brustwasser, und Gott half mir, dass ich ihre Leiden erleichtern und ihr Leben verlängern konnte durch treue Pflege und sehr gewählte stärkende Nahrung. Der Arzt hatte mir schon ein Jahr zuvor gesagt, dass sie ihren Leiden erliegen würde, sobald wieder Frost eintrete, wenn nicht früher. Ich musste in den letzten Tagen des September die Geschwister, die gerne noch am Rhein geblieben wären, herbeirufen, da es mit der Mutter sichtlich zu Ende ging. Sie kamen noch gerade acht Tage vor ihrem Tode, der so fromm, so rührend war. Sie hatte schon aus eigenem Antrieb während des Sommers täglich aus einem Gebetbuch die Litanei vom guten Tode gebetet, manches von der Kirche angenommen, so den Glauben ans Fegefeuer, mir auch öfters gesagt, dass es ihr lieb sei, dass ich katholisch geworden und dass sie bedaure, mich damals so gequält zu haben. Zur vollen Überzeugung von der Notwendigkeit, zur katholischen Kirche zu gehören, kam sie leider nicht – wohl aus Pietät für meinen seligen Vater. Ich musste sie noch am Donnerstag vor ihrem Tode selbst unterstützen, während sie das Abendmahl empfing. Sonntag gegen 7 Uhr abends den 4. Oktober verschied sie bei vollem Bewusstsein nach rührendem Abschiede von uns Kindern. R. I. P."

*H*ier in Berlin werde ich wohl nicht bleiben", schreibt Luise an Clemens Brentano, „da es hier kein rechtes Element und keinen eigentlichen Beruf für mich gibt. Ich weiß aber nicht, was ich wählen soll von den verschiedenen Wegen, die sich mir angeboten haben. Ob ich an den Rhein oder nach Westfalen zurückkehren soll – Gott wird es mir wohl zeigen. Für den Augenblick bin ich noch in der Wohnung meiner Mutter mit Minna; wir werden dann aber einige Tage nach dem Christfest zu meinem Bruder ziehen, wo wir zwei Dachstübchen bewohnen sollen. Ich denke in jedem Falle bis zum Frühjahr hierzubleiben, ich bin auch jetzt noch zu sehr herunter, um etwas anfangen zu können …"
Manchmal kann Luise nicht wählen, manchmal wird sie geführt, um Menschen in Not zu dienen. Sie wird gebeten, die gemütskrank gewordene Oberhofmeisterin der „Prinzessin Wilhelm", Frau von Clausewitz, zu betreuen und von Berlin nach Dresden zu begleiten. Marie von Clausewitz ist eine geborene Gräfin von Brühl, Tochter des sächsischen Ministers und Reichsgrafen Heinrich von Brühl, dessen Palais auf der „Brühlschen Terrasse" zu Dresden bekannt ist. Frau von Clausewitz stammt aus Warschau, kam in jungen Jahren nach Berlin, ihr Vater, Generalleutnant Graf Karl Adolf Brühl, erzieht den preußischen Kronprinzen und späteren König Friedrich Wilhelm III. 1810 heiratet Gräfin Marie Brühl den Major im preußischen Generalstab, Karl von Clausewitz. 21 Jahre leben sie in glücklicher, aber kinderlosen Ehe zusammen, da stirbt ihr Mann im Alter von 51 Jahren, wenige Monate nach dem Tod seines Freundes Graf Gneisenau. Mit der Herausgabe des zehnbändigen Werkes ihres Mannes, eines zudem bekannten Militärschriftstellers, ist seine Gattin überfordert und erkrankt an einem Nervenleiden, das ein bekannter Arzt in Dresden heilen soll.

Am 21. Januar 1836 bricht Luise Hensel mit ihrer Patientin zur Reise auf, am folgenden Abend kommen sie in Dresden an. Haben die Ärzte Frau von Clausewitz in Berlin falsch behandelt? Luise meint, dass die Ursache ihres Leidens eher im Körper denn in der Seele zu suchen ist. Doch die Ursachenforschung ist müßig, denn acht Tage später erliegt Marie von Clausewitz ihrem Leiden.

Luise Hensel kehrt nach Berlin zurück. Das Schicksal der Toten interessiert dort aber vor allem die preußischen Prinzessinnen, und so fertigt sie Abschriften von ihren Tagebüchern an, um über die letzten Stunden Frau von Clausewitz' zu berichten. Prinzessin Marianne und Fürstin Luise von Ratziwill, ihre ältesten Freundinnen, Bruder Heinrich Graf Brühl und seine Frau Hedwig, geborene Gräfin von Gneisenau, können Luise Hensel nicht genug danken und bekennen, „dass wir Sie als eine unserem Herzen unaussprechlich teure Freundin betrachten". Der Dresdener Aufenthalt führt wenigstens zu einer kurzen Zusammenkunft mit Dorothea Tieck.

Dorothea hat etwas gemeinsam mit Luise Hensel, weshalb sie auch bald Freundschaft schließen: Sie konvertierte 1805 unter dem Einfluss ihrer Mutter zur katholischen Kirche. Luise bewundert ihr Wissen und ihre Sprachkenntnisse. Schon in jungen Jahren lernte sie Französisch, Englisch, Italienisch und Spanisch. Doch auch in Griechisch und Latein erwarb sie Kenntnisse. Sie kann Vergil, Dante, Horaz, Calderón, Homer, Livius und Shakespeare im Original lesen. Dass Dorothea ihren Vater Ludwig bei seinen Studien und Arbeiten unterstützt, ist hinlänglich bekannt. Doch ihr Name wird bei den Shakespeare-Übersetzungen nie genannt und durch den ihres Vaters ersetzt. Nach dem Tode der Mutter fällt Dorothea in tiefe Depressionen, nachdem ihr Vater sich der Gräfin Finkenstein zuwendet. Gern wäre sie in ein Kloster eingetreten und kommt dadurch dem Lebensziel Luises recht nahe, doch die Sorge um ihren Vater hält sie von diesem Schritt ab.

Luise steht nun abermals vor der Berufswahl. „Einen bestimmten Lebensplan habe ich noch nicht", schreibt sie am 9. März 1836 an Schlüter, „da ich mir ungern erlaube, über meine Wege selbst zu bestimmen. Wenn Gott etwas von mir will, so wird er es mir ja hoffentlich zeigen."

Noch aber bezieht sie ihre zwei Zimmer im Mendelssohn-Haus. Ihr Bruder Wilhelm ist tagsüber meist in der Kunstakademie, Felix Mendelssohn spielt im Musikleben eine große Rolle und ist zeitweise unterwegs, nur Fanny ist daheim. Wenn sie nicht ihre „Sonntagsmusiken" vorbereitet, spielt und komponiert sie am Klavier. Ihre Lieder, Klavierstücke, geistliche Kantaten, an denen sie arbeitet, füllen das Haus. Manchmal improvisiert sie auch nur, und die Töne steigen auch bis in die Dachzimmer hinauf, sehr zur Erbauung seiner Bewohner. Luise lauscht. Die Musik ist eine besondere Gabe Gottes. Nicht jeder versteht sie.

„Weißt du, dass Gott dich sehr lieb hat?"

Fanny blickt auf. Sie ist hübsch. Ihre Augen strahlen, und im nächsten Augenblick überzieht sie ein Schatten, hinter denen ein Geheimnis verborgen scheint.

„Woher willst du das wissen?"

Luise muss nicht lange nachdenken. „Deine Musik sind wie Gebete, mit denen du den Himmel bestürmst. Du verkündest Gottes Größe."

„Nun sag nur noch, liebe Schwägerin, dass ich eine Missionarin bin, wie es in deiner Religion heißt, um unter Heiden für Gott zu werben?"

„So ähnlich empfinde ich es. Und du verherrlichst Gott."

Fanny will sich auf eine weitere Diskussion mit Luise nicht einlassen. Sie weiß, dass ihre Schwägerin von nichts lieber spricht als von Gott.

„Wir Juden missionieren nicht."

Als Fanny das Lächeln auf Luises Lippen bemerkt, verbessert sie sich: „Entschuldige, wir sind ja getauft und evangelische Christen geworden. Aber von der Herkunft sind und bleiben wir Juden."

Sebastian, Fannys und Wilhelms Sohn, ist nun fast sieben Jahre alt. Er liebt Tante Luise, und sie erteilt ihm den ersten Religionsunterricht.

„Aber nicht so streng, wie wir ihn in unseren ersten Jahren in Linum und Berlin genossen haben", bittet Wilhelm. „Sebastian ist evangelisch getauft, vergiss das nicht."

Wie könnte Luise das vergessen! Dass sie aus der Familientradition ausgeschert und die Religion gewechselt hat, hängt ihr immer noch unterschwellig nach, auch wenn niemand darüber spricht. Der Vater achtet darauf, dass sein Sohn nicht mit Wissen überfrachtet wird, obgleich seine Schwester so vieles erzählen möchte.

In Berlin bildet sich ein Frauenverein, um „nach Maßgabe der ihm zu Gebote stehenden Mittel für die Unterhaltung und Erziehung verlassener Waisen in der katholischen Gemeinde in Berlin Sorge zu tragen". Bald bricht unter den armen Familien die Cholera aus und es gibt eine Menge zu tun. Marianne Saaling, eine Freundin Fannys, die Fürstinnen Mathilde und Leontine Radziwell gehören dem Vorstand des Frauenvereins an. Die Mittelbeschaffung nimmt einen so begeisterten Verlauf, dass bald auch an eine Arbeit außerhalb Preußens gedacht werden kann. Anfang August 1838 wird ein Neubau bezogen. Zwölf Kinder finden erste Aufnahme.

## Stilles Gotteslob

*Ach, hätt' ich Engelzungen,*
*ich hätt' euch wohl gesungen*
*das süße, liebe Lied,*
*das mir so still und selig*
*im jungen Herzen glüht.*

*Ich weiß ja keine Weisen,*
*den Herren so zu preisen,*
*den Vater, treu und mild,*
*wie meine ganze Seele*
*Ihm singt und jauchzt und spielt.*

*Ich muss mein Haupt Ihm neigen,*
*kann weinen nur und schweigen*
*in Seligkeit und Schmerz.*
*Ach Kind, Er weiß dein Lieben,*
*er sieht dir ja ins Herz.*

*P*lötzlich rumort es, bringt ein Ereignis die katholische Kirche auf die Palme. Der „Kölner Kirchenstreit" über die Behandlung konfessionell gemischter Ehen ist die Auseinandersetzung zwischen dem protestantisch geprägten preußischen Staat und der katholischen Kirche in den 1815 preußisch gewordenen Westprovinzen Rheinland und Westfalen. Auf seinem Höhepunkt im Jahre 1837 kommt es in Münster zu tumultartigen Auseinandersetzungen zwischen katholischen Bürgern und der preußischen Ordnungsmacht. Im Rahmen der sich steigernden Dispute und gegenseitigen Schuldzuweisungen spricht der König schließlich ein Machtwort: „Der Erzbischof Freiherr Droste zu Vischering zu Köln hat durch fortgesetzte Überschreitungen seine Amtsbefugnisse und durch gesetzwidrige Verfügungen, welche Mein Königliches Ansehen gefährdet und Störungen der bürgerlichen Ordnung herbeigeführt haben, Mich genötigt, Kraft landesherrlicher Machtvollkommenheit ihm die fernere Ausübung seines erzbischöflichen Amtes zu untersagen und ihn aus der Kölnischen Diözese zu entfernen … Infolge dieser von Mir getroffenen Maßregel haben Sie zu veranstalten, dass er angesichts dieses die Stadt Köln und seine Sprengel verlasse und sich in seine Heimat nach Münster begebe …"

Der Befehl geht an den Kölner Oberpräsidenten von Bodelschwingh, der für die Umsetzung Sorge tragen soll. Clemens August II. Droste zu Vischering, Erzbischof von Köln, landet in der preußischen Festung Minden. Luise Hensel weiß lange nicht, wie sie sich angesichts dieser unterschiedlichen Positionen entscheiden soll. In ihrer Wohnung versammeln sich katholische und evangelische Freunde, und beide Seiten haben ihren festen Standort. Da kommt die Einladung der Frau Rat Schlosser nach Stift Neuburg am Neckar gerade recht. Unterstützt wird der Reisewunsch von Frau von Radowitz, Gattin eines preußischen Generalleutnants, Politikers und Diplomaten.

„Fahr getrost", ermuntert Wilhelm Hensel die Schwester. „Ich muss eine längere Reise nach England antreten und kann dir hier keine Stütze sein."

Luise reist, aber nicht direkt an den Neckar. Münster zieht sie an, worüber sich vor allem Professor Schlüter freut. Sie bleibt ein paar Wochen, dann ist Wiedenbrück ihr Ziel. Doch eine Kurzvisite in Minden gehört dem gefangenen Erzbischof, den sie nur in der Sakristei für einen Augenblick sprechen kann. Die Reise geht nun über Düsseldorf nach Köln, wo sie die ehemalige Schülerin aus der Aachener Zeit, Sibylle Merlo, aufnimmt und dann bis Bonn begleitet. Am Rhein wird sie von der Nachricht überrascht, dass auch der Franziskaner-Theologe Dr. Anton Joseph Binterim, Kirchenhistoriker und Abgeordneter in der Preußischen Nationalversammlung, verhaftet und seinem Bischof ins Gefängnis gefolgt ist.


Stift Neuburg liegt am Saum des Odenwaldes nicht weit von Heidelberg entfernt. Es ist der Sommersitz der Familie Schlosser aus Frankfurt, ein rechter Musensitz, der viele Gäste anzieht. Vier Wochen bleibt Luise Hensel in der herrlichen, sie bereichernden Natur, unruhig indessen, weil sie keine neue Berufsperspektive erkennen kann. Doch dann kommt eine Anfrage aus Bayern: Gräfin Hortense Montgelas, Tochter des inzwischen verstorbenen bayrischen Ministers Joseph Graf von Montgelas, ist seit ihrem 13. Lebensjahr von allerlei Leiden geplagt. Auf dem erst kürzlich erworbenen Schloss Haag an der Amper tritt Luise ihre schwere Aufgabe an, von der sie bald sagt, dass sie bisher keine schwerere hat meistern müssen. „Beten Sie für mein unglückliches 27-jähriges Pflegekind", schreibt sie an Professor Schlüter in Münster, „Gott wird's lohnen. Beten Sie auch für mich, dass Gott mir Weisheit und Liebe gebe, ihm diese gestörte Seele wiederzugewinnen; meine Aufgabe ist nicht leicht." Die Pflege dauert zunächst bis zum Einbruch der Winterzeit. Dann zieht Luise Hensel mit ihrer Patientin nach München. Hier trifft sie alte Freunde wieder: das Ehepaar Pilipps, Clemens Brentano, die Malerin Emilie Lindner, Familie Görres, deren Garten an ihren stößt. Im März 1839 folgen Luise Hensel und Gräfin Hortense wieder der ländlichen Idylle des Ampertales.

Hier empfängt sie am 19. Februar einen Brief von Schwägerin Fanny: „Vorgestern starb hier der arme Berger, ganz plötzlich. Indem er einer halb blinden Schülerin den Takt vorzählte, fiel er um und war auf der Stelle tot. So wenig ich ihn auch in der letzten Zeit gesehen habe, so tat es mir doch herzlich leid, denn er war wirklich ein liebenswürdiger Mann und ich hatte eine alte Anhänglichkeit für ihn."

Der Tod Carl Ludwig Heinrich Bergers geht auch Luise nahe. Dieser berühmte Komponist, Pianist und Klavierpädagoge war mit dem Staegemann'schen Salon in Berlin eng verbunden. Seine erste Frau war jung im Kindbett gestorben. Jahre später hatte er in Berlin noch einmal den Versuch unternommen, eine Familie zu gründen. Luise erinnert sich: 1817 ließ er ihr durch einen Freund einen Heiratsantrag überbringen, den sie jedoch wie auch die anderer Bewerber ausschlug.

Schwester Scholastika, eine Barmherzige Schwester aus Aachen, wird nun zur Pflege mit verpflichtet. Der Zustand Hortenses bessert sich, und die gräfliche Familie bittet Luise, sie ins Seebad Scheveningen zu begleiten. Charlotte Phillips schreibt ihr am 6. Juli nach Schloss Haag: „Dies soll also der letzte Gruß sein, der Dich im schönen Bayernland trifft ... Eine ernste, trübe Zeit hast Du hier im Lande verlebt, doch der liebe Gott hat sie so sichtlich gesegnet, dass Dir doch auch eine recht freudige Erinnerung bleiben muss in dem, was Du der armen Kranken an Seele und Leib wohlgetan hast. Gott sei mit Dir auf Deiner Reise ..."

Mitte Juli treten Schwester Scholastika und Luise mit ihrer Patientin die Reise ins Nordseebad an. Zu zweit ist es ihnen möglich, Gräfin Hortense fürsorglich zu betreuen und sie aufzuheitern.

*D*erweil finden zu Hause in Berlin regelmäßig die Sonntagskonzerte statt, die Fanny bestmöglichst vorbereitet, um hier einen Ausgleich für die ablehnende Haltung ihres Vaters und Bruders zur eigenen Kompositionstätigkeit zu haben. Denn als sie den Wunsch äußert, ihre Werke auch einmal gedruckt sehen zu wollen, lehnen das beide ab, auch der geliebte Felix, der doch ihr Herzensbruder ist.

„Es ist nicht schicklich, dass eine Frau deines Standes Geld mit ihren Kompositionen verdient", so lautet ihr Urteil. „Gegen Konzerte im privaten Kreis bestehen keine Einwände, doch nicht in der Öffentlichkeit und nicht für Geld." Fanny schreibt dann auch resigniert an einen Freund in England: „Komponiert habe ich in diesem Winter rein gar nichts. Wie einem zumut ist, der ein Lied machen will, weiß ich gar nicht mehr … Was ist übrigens daran gelegen? Kräht ja doch kein Hahn danach und tanzt niemand nach meiner Pfeife."

Die Komponistin Johanna Kinkel, die mehrmals an den „Sonntagsmusiken" teilnimmt und auch eigene Werke dazu beiträgt, lobt Fanny so: „Fast alle berühmten Künstler, die Berlin besuchen, erschienen sonntags einmal mitwirkend oder zuhörend bei Frau Hensel. Auch die Elite der Berliner Gesellschaft suchte dort Zutritt, und die großen Räume des Hauses waren meist überfüllt. Mehr als die größten virtuosen und die schönsten Stimmen, die ich dort hörte, galt mir der Vortrag Fanny Hensels und ganz besonders die Art, wie sie dirigierte … Ein Sforzando ihres kleinen Fingers fuhr uns wie ein elektrischer Schlag durch die Seele und riss uns ganz anders fort …"

In solchen Augenblicken erinnert sich Fanny Hensel in ekstatischer Freude an ihren Rom-Aufenthalt mit Wilhelm und Sohn Sebastian 1839/40: Berühmte Musiker und Komponisten der Acadèmia de France à Rome würdigten sie in der Villa Medici als Komponistin und Pianisten in höchsten Tönen.

Diese Auszeichnung und die Erlebnisse in der Ewigen Stadt inspirierten sie zum Werk „Das Jahr", das 1841 fertiggestellt wird und „12 Charakerstücke für das Forte Piano" enthält. Wilhelm illustriert das einzige Autograf. Hatte Mutter Lea doch recht, als sie nach Fannys Geburt meinte, das Kind habe Bach'sche Fugenfinger?

*W*ie ein unruhiger Geist reist Luise Hensel in der Folgezeit durch deutsche Lande, lässt sich treiben oder wird gerufen. Die Zahl derer, die sie bei sich haben möchten, ist beträchtlich. Sie ist ein vorzüglicher, bequemer und ruhiger Gast, anpassungsfähig, nie auftrumpfend, immer bescheiden. Brauweiler, Wiesbaden, Frankfurt. Überall öffnen sich die Türen, sie zu empfangen. In Wiesbaden lernt sie Karl Eduard Philipp Wackernagel kennen, einen deutschen Kirchenliedforscher, lutherischen Lehrer und Mitbegründer des Deutschen Evangelischen Kirchentages. Auch Luises und ihres Bruders kurländischer Jugendfreund, Georg von Kleist, ein preußischer General der Kavallerie, lässt sich blicken und frischt die Bekanntschaft auf. Als er 1840 auf seinem Gut Leegen in Kurland stirbt, legt man ihm wunschgemäß die Briefe von Wilhelm und Luise Hensel in den Sarg. In Frankfurt genießt Luise die Gastfreundschaft des Malers und Kupferstechers Philipp Veit und erhält „ein Stübchen und freundliche Aufnahme".

Auf der gemeinsamen Weiterreise mit der Familie ihres Bruders nach Berlin macht sie in Leipzig halt, um Felix Mendelssohn wiederzusehen. Der gefeierte Komponist hat zum Gutenbergfest eine „Buchdrucker-Kantate" geschaffen, die er ihnen mit anderen Werken vorspielt. Luise verspürt eine leichte Scheu dem Schwager gegenüber. Obgleich er sich ihr gegenüber freundlich und zuvorkommend verhält, verspürt sie doch einen unausgesprochenen Stolz in Stimme und Gestik. Felix ist ja inzwischen ein leuchtender Stern am Musikhimmel der Gegenwart.

Endlich Berlin. „Gott verlasse mich nicht im Lande der Philister, unter denen ich doch manche herzlich lieb habe", schreibt Luise an Kaplan Hensing in Wiedenbrück. In diesem Brief fasst sie ihre Aufenthaltserlebnisse zusammen und erzählt auch von den Reiseeindrücken, die die Familie ihres Bruders in Italien gesammelt hat. Fanny Hensel hat wahres Heimweh nach Rom entwickelt. Luises Sorgenkind Rudolf arbeitet als Lehrer an einer Divisionsschule. Luise beklagt seine religiöse Launenhaftigkeit. Rudolf verbringt die folgenden Jahre bei seinem pommerschen Regiment in Stettin. Später kommt er als junger Hauptmann nach Stargard, wo ihn am 7. März 1856 zum großen Schmerz seiner Tante die Cholera hinwegrafft. Er wird nur 40 Jahre alt.

Einen weiteren Todesfall muss Luise Anfang 1841 verkraften: Dorothea Tieck, eine ihrer besten Freundinnen, erkrankt an Masern und einem Nervenfieber und stirbt am 21. Februar. Die Tochter Tiecks gehörte zu den Frauen, die man, wenn man sie einmal gesehen hat, nicht mehr vergisst. Der 68-jährige Vater ist untröstlich. Er betrachtet sie als Genossin seiner literarischen Tätigkeit, die Freude seines Alters. Auf Dorotheas Grabstein lässt er die Worte einmeißeln: Mein Glück und mein Vorbild.


### Abschied von der mütterlichen Freundin

*Scheiden –*
*o bitterer Kelch, bald wird meine Lippe dich kosten!*
*Scheiden –*
*o schmerzendes Wort, das durch die Seele mir dringt!*

*Sichel, so schneidend und scharf,*
*du kommst meine Blumen zu fällen.*
*Köcher voll tötender Pfeil', o wie erbeb' ich vor dir!*

*Heute noch kann meine Hand die trautesten Hände erfassen,*
*heute noch findet mein Blick, Mutter, dein freundliches Aug.*
*Zweimal noch seh' ich mit dir im Spätrot erglühen die Hügel,*
*zweimal noch schallt uns vereint frühe der Vögelein Sang.*

*Aber dann führt dich dein Pfad dahin in die neblichte Ferne,*
*ach, und es führt mich mein Weg einsam und trübe daher. –*
*Aber ich denke an dich – du kannst mir entrissen nicht werden,*
*und der Gedanke an dich wird mir zum tröstenden Freund.*

*Trübt dann die Sehnsucht mein Aug',*
*so trinkt wohl der Sand meine Zähre,*
*aber die Hoffnung, sie hebt mutig zum Himmel mein Herz.*
*Amen, o amen, mein Gott! Hier bin ich – ich bin dir ergeben.*
*Gib mir den bitteren Kelch – Vater! Du gibst ihn mir ja.*

*D*u solltest wirklich mit mir zu den Sonntagskonzerten gehen."
Luise Hensel blickt ihren Bruder zweifelnd an.
„Du weißt, dass mir an solchen Gesellschaften nicht viel liegt. So viel Prominenz, so viele erlauchte Gäste – da fühle ich mich unwohl."
„Fanny würde sich freuen. Sie engagiert sich wirklich mit viel Leidenschaft für diese Matineen. Sie kommt mit ihren Kompositionen ja sonst nicht so zur Geltung wie ihr Bruder Felix, den man schon fast wie auf einem Silbertablett in den Konzertsälen herumreicht."

Luise atmet tief durch. Sie würde viel lieber zu Hause bleiben. Doch die bittenden Augen ihres Bruders kann sie nicht ignorieren.

„Zudem wird Franz Liszt anwesend sein."

„Was? Dieser Schönling und Frauenheld?"

„Dieser bedeutende Pianist, Luise. Vielleicht ist er der größte in Europa."

Was Luise Hensel über Liszt gehört hat, ist nicht sehr schmeichelhaft für den Kompositeur und Virtuosen. König Friedrich Wilhelm IV. hat ihm nach einem Konzert im Berliner Opernhaus durch seinen Adjutanten einen kostbaren Brillantring überreichen lassen. Ein solches Geschenk macht der Hof bei jedem bedeutsamen Künstler. Liszt hielt sich jedoch für etwas Besonderes und knallte das Etui mit den Worten „Ich brauche so etwas nicht!" in die Kulissen. Noch ehe der Adjutant merkte, was geschah, sprang eine Schauspielerin hinzu und fing den Ring auf. „Herr Liszt – aus lauter Freude lassen Sie das Geschenk aus den Händen fallen!" Charlotte von Hagen besaß die Geistesgegenwart, Liszt aus der peinlichen Situation zu retten. „Majestät sind sehr gütig gegen mich", hauchte Liszt. Die Hand der Schauspielerin zog er an seine Lippen: „So eine wohltätige Hand muss man segnend küssen." Das Etui verschmähte er dennoch. Später verlieh ihm Majestät den Orden „Pour le mérite". Da war Liszt wieder guter Dinge …

„Ich komme mit, aber nur wenn du mir in der letzten Reihe einen Platz reservierst."

Wilhelm ist zufrieden. Er drückt der Schwester dankbar die Hand. Luise sitzt im Halbdunkel des Saales. Fanny hat ihr im Vorbeigehen schnell eine Kusshand zugeworfen. Sie freut sich sichtlich über die Anwesenheit ihrer Schwägerin. Was ihr auf dem Podium an diesem Tag geboten wird, hat Luise bald ver-

gessen. Aber sie taucht in die Musik ein, die aus dem Konzert-
saal des Himmels zu kommen scheint.

Zunächst spielen Felix und seine Schwester Eigenkomposi-
tionen. Sodann wenden sie sich anderen Werken wie Mey-
erbeers „Hugenotten" zu. Die Musik versetzt Luise in einen
entrückten Zustand. Ist sie noch auf dem Boden der Wirklichkeit oder schwebt sie über Gärten, Dächer und Türme hinweg
in eine himmlische Sphäre? Sie kommt erst wieder zu sich,
als sich der Saal leert und Bruder Wilhelm sie zaghaft an der
Schulter fasst.

„Hat es dir gefallen?"

Luise kann nicht antworten, so ergriffen ist sie.

Ludwig Rellstab nennt den Aufenthalt Franz Liszts in Berlin
ein Ereignis öffentlichen Lebens. Dass die studierende Jugend
die Pferde ausspannt und Liszts Kutsche eigenhändig zum
Hotel zieht, findet Luise dann doch etwas übertrieben. Einen
Komponisten so sehr verehren, das geht ihr zu weit.

*L*uise Hensel vertauscht Berlin, wo sie wieder „in ein viel
geschäftiges und zerstreutes Leben" gerät, mit der von
ihr geliebten Domstadt Köln. Sie folgt der Einladung einer
früheren Schülerin, Sybille Merlo, die sich nach der Hochzeit ihrer Schwester ziemlich verwaist fühlt, aber ein lebhaftes
Wesen hat. Gemeinsam mit ihr und anderen Frauen kommt
es bald zur Bildung eines „Armenkränzchens", einer frommen
Vereinigung, in der man halbtags fleißig näht, aber auch Zeit
für innere Sammlung findet. Über ihre Tätigkeit schreibt sie
dem Freund Clemens Brentano, dessen Gesundheit zu wünschen übrig lässt, nach München. Luise sorgt sich, sie schickt
zahlreiche Briefe. Die beginnende Wassersucht schränkt des
Dichters Lebensqualität ein.

Luise sieht ihren Freund, der einst um ihre Hand angehalten hat, nicht wieder. Am Morgen des 28. Juli 1842 wird Brentano von seinen Leiden erlöst.

*I*mmer wieder hört und liest Luise von Annette von Droste-Hülshoff. Freundliche Zeitgenossen meinen, sie sei der adeligen Westfälin in ihren geistigen Gedichten und Gesängen ebenbürtig, was Luise vehement ablehnt. Im „Cotta'schen Morgenblatt für gebildete Leser" erscheint in diesem Jahr 1842 eine Novelle der Dichterin, die über alle Maßen gefeiert wird. Sie heißt „Die Judenbuche". Die Handlung spielt in dem entlegenen westfälischen „Dorf B.", das Einheimische bald als Bellersen im Fürstentum Paderborn identifizieren, und berichtet von einem Mord an einem Juden. Annette von Droste-Hülshoff hat die Unterlagen und Prozessakten aus der Zeit des Patrimonialgerichts entnommen, in dem einer der Haxthausener Vorfahren Recht sprach. Patrimonialgerichte waren in Deutschland und Österreich bis Mitte des 19. Jahrhunderts bestehende gutsherrschaftliche Gerichte der adeligen Grundherren, die eine eigene vom Staat unabhängige Rechtspflege, die Grundgerichtsbarkeit, ausübten. Annettes Onkel August von Haxthausen hat den Fall unverändert in der Literaturzeitschrift „Wünschelrute" veröffentlicht. Die Autorin nannte ihn „Ein Sittengemälde aus dem gebirgigten Westfalen". Manche Leser meinen nun, es mit einer sorgfältig geplanten Kriminalgeschichte zu tun zu haben, andere wiederum erkennen in ihr das plausible Psychogramm eines verirrten Menschen, der zum Mörder wird. Die Zeit reicht Luise nicht, dem Ablauf der Handlung im Morgenblatt kontinuierlich zu folgen. Doch sie erkennt, dass fast alle, die in die Geschichte verwoben sind, aus ihrer dunklen Umwelt erlöst werden müssen. Diese Erlösung kann für sie nur durch Gebete geschehen. Darin ist sie geübt, ihr Leben wird ja zunehmend zum Gebet. Dass der von Annette geliebte Heinrich Straube dem Redaktionsteam vorsteht, das auch Freund Heinrich Heine mit seiner Mitarbeit beehrt, reißt kaum verheilte Wunden auf. Heine hat seinen „Freund Straube" einmal in Kassel besucht und meint: „Haxthausen ist ganz versauert, ein Landjunker, trägt sich modern modisch … Straube ist dort kurfürstlich-hessischer Prokurator und verheiratet und ebenfalls versauert." Er, der als Anwalt beim Obergericht zu Kassel wirkt, hat Maria Regenbogen geheiratet, worüber sich seine Freunde offen mokieren. Mit den Jahren enden Heinrich Straubes Beziehungen zum Bökerhof.

*1842* werden die Abschlussarbeiten am Kölner Dom endlich eingeleitet. Der Dichter Joseph von Eichendorff hat durch Werbung dazu beigetragen. König Friedrich Wilhelm IV., der kunstsinnige Monarch, findet sich zu der Feier ein, in der der Bischofs-Koadjutor Geissel von einem Fest der Religion und der Kunst spricht, ein Fest des Vaterlandes und der gesamten deutschen Nation. Wilhelm Hensel, der Maler, fühlt sich durch das große Ereignis zu einem Gedicht ermuntert, dessen Schlussstrophe er seiner Schwester widmet:

*Seht ihr dort am Heilgenschrein*
*eine Jungfrau still allein?*
*Was darinnen steht in Stein*
*ist sie als lebendig Sein:*
*Wecke Gott wie diese Eine*
*eine heil'ge Domgemeinde.*

Noch ist Luise mit Sybille Merlo im „Armenkränzchen" tätig, da soll sie auf Wunsch des verstorbenen Everhard Bartman aus einer alteingesessenen Kölner Familie seine drei verwaisten Kinder Maria Elisabeth (Else), Hermann Joseph und Franz Aloys übernehmen. Seine Frau ist ein Jahr zuvor heimgegangen. Eigentlich will Luise die Arbeit im „Armenkränzchen" nicht aufgeben, doch als sie die Kinder sieht, ist sie so gerührt, dass sie nicht „Nein" sagen kann. Es trifft sich, dass Sibylle Merlo den Wunsch hat, ins Kloster einzutreten. Sibylle reist nach Wien und wird bei den Redemptoristinnen eingekleidet. Luise siedelt an den Kölner Heumarkt 76 über und übernimmt die Sorge für die Pflegekinder. Noch ahnt sie nicht, dass sie hier bis Ende 1849 bleiben wird. Dank guter Mitarbeiterinnen gelingt es ihr, das „Armenkränzchen" weiterzuführen.

Inzwischen ist Koadjutor Johannes Baptist Jacob Geissel Kardinal von Geissel geworden. Er amtierte von 1837 bis 1841 als Bischof von Speyer und von 1845 bis zu seinem Tod als Erzbischof von Köln. Den Oberhirten sucht Luise Hensel ein- bis zweimal im Jahre auf. Da sie gesundheitlich nicht in bester Verfassung ist, klaffen in ihren Tagebüchern große Lücken, und auch die Korrespondenz leidet unter den neuen Aufgaben. So bleiben Briefe selbst an ihre intimsten Freundinnen für Monate liegen, ehe sie die Kraft findet, sie zu beenden.

Der katholische Publizist Guido Görres kommt auf seiner Rheinfahrt mit seiner jungen Frau auch nach Köln. Er findet eine inzwischen erholte, körperlich wie geistig frische Luise Hensel vor und gedenkt der „sehr vielen Freundlichkeit", die beide von ihr empfangen haben. Görres schreibt derweil an den „Erinnerungen an Clemens Brentano" und erhält von der Dichterin manche Impulse und Details für seine Aufzeichnungen.

Im Sommer 1844 fühlt sich Luise Hensel durch die Teilnahme an der Heiligtumsfahrt nach Trier überaus bereichert und getröstet. Dort wird im Dom eine besondere Reliquie verwahrt: Der „Heilige Rock" soll Teile des Gewandes enthalten, das Jesus vor seiner Kreuzigung trug. Mit ihrer Schwester Minna weilt sie „sechsmal beim Heiligen Rock, der seine unbestreitbare Anziehungskraft auch in hohem Grade auf meine Schwester bewies, die ich gar nicht fortkriegen konnte und die in Tränen aufgelöst war", so heißt es in dem vielfach unterbrochenen Brief an Frau von Radowitz.

Die Überlieferung besagt, dass die Mutter des römischen Kaisers Konstantin, Flavia Julia Helena, die Tunika Christi vom Heiligen Land nach Trier gebracht haben soll. Ob die Reliquie in Trier wirklich das Gewand Christi ist, lässt sich weder mit historischen noch mit naturwissenschaftlichen Methoden exakt beweisen.

### Herbst-Seufzer

*Die Vöglein weggeflogen,*
*die letzten Blumen schon verblüht,*
*der Himmel grau umzogen,*
*der Sonne Licht verglüht.*
*O Sommer, schöner Sommer,*
*dass so dein Zauber flieht!*

*Der Nordwind hat entführet*
*wohl all den lichten, bunten Schein*
*und was er nur berühret,*
*das nickt und schlummert ein.*
*O Winter, öder Winter,*
*wie traurig wirst du sein!*

Am 2. Januar 1845 bricht Luises Bruder Wilhelm von Berlin abermals nach Italien auf. In seiner Begleitung Fanny und Sebastian. Frau und Sohn bleiben in Florenz, während Wilhelm nach Rom weiterreist, um ein begonnenes Bild zu vollenden. Ende Juni rechnet Luise mit ihrer Rückkehr. Der Besuch des Bruders ist jedesmal ein Höhepunkt in ihrem Leben. Während der Jahre in Köln findet er sich mehrmals bei ihr ein, denn Bruder und Schwester sind in geschwisterlicher Eintracht miteinander verbunden. Als er im Herbst 1843 mit vielen Eindrücken von einer Sommerreise nach England zurückkehrte, blieb er drei fröhliche Septembertage bei ihr, musste sie „fast mit Gewalt" nach Frankfurt schleppen, wie es in einem Brief an Frau von Rodewitz heißt, und sie ihrem sozialen Berufseifer für eine Weile entziehen.

*W*as ist es für ein Schock, als Fanny Hensel plötzlich aus dem Leben gerissen wird! Am Nachmittag des 14. Mai 1847 bricht sie während des Klavierspiels plötzlich zusammen und ist auf der Stelle tot. Ist es ein Schlaganfall? Der Tod ereilt sie während der Probe zu einer ihrer „Sonntagsmusiken", bei der sie „Die erste Walpurgisnacht" ihres Bruders Felix einstudierte. Der Bruder ist wie vernichtet. Wilhelm auf der Höhe seiner Malerkarriere, steht plötzlich am Grab seiner überaus geliebten Frau. Als Luise die Todesbotschaft empfängt, eilt sie zu Kaplan von der Meulen nach St. Kolumba in Köln und bittet ihn, Messen für die verewigte Schwägerin zu lesen. Wilhelm hat die kompositorische Begabung seiner Frau immer gefördert und drängte seinen Schwager Felix, einige ihrer Werke zu veröffentlichen. Ihre ersten Notenbilder entstanden im Alter von 15 Jahren. Im Laufe ihres kurzen Lebens sind mehr als 460 Werke entstanden, von denen lange niemand weiß: Kammermusik, Kantaten, szenische Werke, Orchestermusik, Lieder und immer wieder Lieder, etwa 250 neben den Klavierkompositionen. Felix hat wirklich einige drucken lassen – aber unter seinem Namen. Ist ihm seine Schwester so wenig wert? Dem Trend der Zeit folgend, werden die Werke von Frauen wenig beachtet. Die Literatur geht die gleichen Wege. Weibliche Künstlerinnen sind nicht gefragt. Frauen repräsentieren das Haus, die Familie, die häusliche Gesellschaft und überlassen den Männern den Dienst in der Öffentlichkeit.

Zu Lebzeiten begann Fanny Hensel ihre Kompositionen zu nummerieren, als sie sich gegen den Willen ihrer Familie zur Herausgabe entschloss, doch sie kam erst bis zur Opuszahl 7, als der Tod sie hinwegraffte. Für die posthume Publizierung der Nummern 8 bis 11 sorgte ihr Mann Wilhelm, der die Begabung seiner Frau zu schätzen wusste. Wer hätte geahnt, dass Felix Mendelssohn Bartholdy ein halbes Jahr nach seiner Schwester ebenfalls durch einen plötzlichen Tod aus dem Leben gerissen würde?

Wilhelm Hensel löst seinen Haushalt auf. Das bedeutet, dass seine bei ihm weilende Schwester Minna sich genötigt sieht, sich ein neues Lebensumfeld zu suchen. Im Juli 1847 kommt sie, von ihrem Bruder begleitet, nach Köln. Das Wiedersehen der drei Geschwister ist vom Tod Fannys überschattet; es ist ein trauriges Zusammentreffen. Wilhelm hat für seine beiden Geschwister vorgesorgt. Jede Schwester erhält eine Rente von 300 Talern jährlich. Die Auszahlung soll zwar erst nach seinem Tod in Kraft treten, doch im treuen Gedächtnis an seine liebe Frau beginnt er schon zu Lebzeiten mit der Inkraftsetzung der Bestimmungen.

„Zieht zusammen" empfiehlt Wilhelm den beiden. „Warum soll uns das Schicksal räumlich trennen? Nach Köln kann ich leichter kommen als nach Burtscheid." Minna findet bald in der Nähe von Luise in der Bartmann'schen Wohnung in Köln ein neues Zuhause. Was Luise Hensel beim Heimgang ihrer besten Freundin, Anna Katharina Emmerick, dichtete, übertrug sie in gewisser Weise auch auf ihre Schwägerin.

### An die geliebte Heimgegangene

*Voll Wehmut denke ich an Dich,*
*die Du von mir geschieden,*
*und meine Seel' umwölket sich*
*und sehnt sich weg hienieden.*
*O, dass auch mich der stille Tod*
*dem Stängel nur entpflückte!*
*O, dass ich bald das Morgenrot*
*des letzten Tags erblickte!*

*Der Freuden, so die Welt mir beut,*
*ist längst mein Herz entwöhnet*
*und hat von ihrer Eitelkeit*
*sich schmerzlich weggesehnet.*
*O, möcht' ich Deine Krone sehn*
*und hören Deine Weisen!*
*O, dürft' ich Dir zur Seite stehn,*
*mit Dir Gott ewig preisen! –*

*Mein Vater, hilf mir diesen Schmerz,*
*den tiefen Schmerz mir tragen,*
*bis endlich heilt dies wunde Herz,*
*bis mir Dein Licht will tagen.*
*Du weißt, Herr, dass kein Erdengut*

*den Jammer mir kann stillen.*
*Du wollst mit Deiner Liebe Glut*
*mein sehnend Herz erfüllen!*

*„So walle deinen Pfad hinab –*
*den Brüdern sollst du dienen;*
*dann wird dereinst dein Pilgerstab*
*zur Palme dir ergrünen.“*
*Ja, Vater, was Du mir erwählt,*
*das hab auch ich beschlossen.*
*Wenn Deine Kraft das Herz mir stählt,*
*so leid' ich unverdrossen.*

Zur sechsten Säkularfeier der Grundsteinlegung des Kölner Domes ist König Friedrich Wilhelm IV. gekommen, ebenso Reichsverweser Erzherzog Johann, neun Bischöfe, der Nuntius Viale Prelà. Auf Wunsch des Königs nimmt auch Prof. Wilhelm Hensel an den Festlichkeiten teil. Doch aller Festtagstrubel kann nicht über den Schmerz hinwegtäuschen, an dem Wilhelm Hensel leidet; Fanny hinterlässt eine zu große Lücke, die auch Luise nicht zu schließen vermag, so sehr sie sich auch anstrengt.

Die Unruhen des Jahres 1848 ergreifen auch Luises Umfeld. Politisch gerät vieles durcheinander. Luise Hensel begreift nicht, dass man sich gegenüber dem König, „dem Gesalbten in der Krone“, so unflätig benimmt. Sie verfasst im Auftrag von „vielen Frauen Kölns“ eine Dankadresse an das Militär, das den Menschen „in den Tagen einer aufrührerischen Bewegung“ Schutz gewährt habe. Sie ist eine überzeugte

Monarchistin und wird es bleiben. Die politischen Nöte der Menschen erkennt sie offenbar nicht.

Die Landesverfassung von 5. Dezember 1848 eröffnet den christlichen Vereinen eine neue Chance, ihre Tätigkeiten zu entfalten. Und so sieht man Luise Hensel in vorderster Front des Vinzentiusvereins in Köln ihre Hilfsbereitschaft ausüben. Im Frühling 1849 wird sie zur Vorsteherin des Frauen- und Jungfrauenvereins gewählt, der später unter dem Namen „Elisabethverein" firmiert, wozu Pastor Hensing, inzwischen in Langenberg bei Wiedenbrück, sie ausdrücklich beglückwünscht.

Zu einem siebenjährigen Aufenthalt hat sich Luise in Köln verpflichtet. Sie kann die ärmsten Häuser der Stadt kennenlernen, begegnet ihren Bewohnern mit Liebe und Zuneigung. Sie pflegt, versorgt und nährt sie mit Worten und Speisen. Was am meisten ankommt, ist ihr tröstender Zuspruch. Dafür lieben sie die Menschen jetzt. Deshalb möchten sie, dass sie bleibt und nicht Abschied nimmt. Eine von Luises Freundinnen erinnert sich später: „Sie konnte außerordentlich gut mit den armen Leuten fertigwerden. Sehr oft bin ich mit ihr zu den Armen gekrochen, in Häuser, wo man wirklich auf Hand und Fuß die Treppe heraufmusste."

In Köln, wo ihr die Herzen der vorwiegend armen Menschen entgegengewachsen sind, bleibt Luise Hensel als „Tante", „mütterlichen Freundin" und besorgte „Pflegemutter" stets unvergessen.

**Die Gesunden bedürfen des Arztes nicht, sondern die Kranken.**

*Herr! Nicht bin ich wert der Ehre*
*deiner Einkehr, nimmer wert!*

*Selbst Zachäus, Magdalene*
*waren minder sündbeschwert.*
*Denn nicht hatten sie der Taufe*
*Gnadenkleid befleckt, entehrt.*

*Und doch willst Du: Ich soll kommen,*
*soll empfahn dies Engelbrot.*
*Bleib' ich fern, meid' ich das Leben,*
*sänke wohl in ew'gen Tod. –*
*Komm denn, treuer Arzt der Kranken!*
*Heile selbst der Seele Not.*

Nonnenwerth – eine Insel im Rhein. Sie hat eine lange Geschichte und ist geprägt von frommen Schwestern. 1126 ließ
Erzbischof Friedrich von Köln hier ein Kloster nach benedik-
tinischem Vorbild errichten. 1803 erfolgte die Auflösung unter französischer Herrschaft. Kaiserin Josephine sorgte dafür,
dass die Nonnen wohnen bleiben durften, bis die letzte verstorben war. 1822 nach dem Tod der verbliebenen Schwester
verkaufte die Regierung das Kloster an einen Herrn Sommer,
der das Eiland in eine großartige Parklandschaft verwandel-
te. Der deutsche Dichter Ernst Moritz Arndt, der hier oft
zu Gast weilte, wusste die Schönheit dieser Insel zu preisen:
„Nichts geht an schönen Sommer- und Frühlingstagen über
die eigentümlichen Reize einer stillen dichterischen und
schwermütigen Einsamkeit und jene leicht gewobenen Träu-
me einer schwärmerischen Fantasie, welche diese Bäume und
Büsche und die zu beiden Seiten des Eilands immer lustig
fort murmelnden Wellen aus der lauschenden Seele heraus-
spielen."
Allerdings war der Insel kein Glück beschieden. Das Gut kam
in den Besitz der Frau Geheimrätin Auguste von Cordier, ge-

borene von Hertwig, die ihren Kindern auf dem Sterbebett die Verpflichtung auferlegte, die Insel ihrem ursprünglichen religiösen Anliegen zurückzugeben. Die Kinder folgten dem Wunsch ihrer Mutter. Mehrere Adelsfamilien des Rheinlandes brachten einen Teil der notwendigen Finanzmittel auf, doch fehlte ein Teil der Kaufsumme, und die preußische Regierung stand durch ihr Angebot im Begriff, abermals Eigentümer der Anlage zu werden. Doch das verhinderte die Freiin Anna von Proff-Irnich, eine Freundin der Frau Auguste von Cordier. Die Preußen wollten hier ursprünglich eine Diakonissenanstalt einrichten, während Frau von Cordier an eine Erziehungsanstalt dachte. Bischof Wilhelm Arnoldi von Trier unterstützte das Vorhaben der Damen.

Im Januar 1849 tritt Luise Hensel auf den Plan. Sie verfolgt die Ziele der beiden Frauen und beschließt, sich an der Gründung der Erziehungsanstalt zu beteiligen. „Ich baue fest als eine der Hauptstützen auf Dich, meine liebe Luise; Gott gebe Dich uns bald ganz und gar!", so heißt es in einem Brief von Auguste von Cordier am 30. Mai 1849.

In Paderborn wirkt seit 1841 Pauline von Mallinckrodt, eine Schülerin von Luise aus der Aachener Zeit. Sie gibt zu erkennen, dass sie als Lehrerin gern in der Erziehungsanstalt in Nonnenwerth mitwirken würde, doch ihr Bischof entlässt sie nicht aus der Leitung der Privatblindenanstalt und der Kleinkinderbewahrschule. Pauline gründet 1849 die „Kongregation der Schwestern der christlichen Liebe" und wird zugleich ihre Oberin. Ihre Verantwortung gilt auch der Provinzialblindenanstalt in Paderborn.

Es vergeht einige Zeit mit Verhandlungen und der Bildung von Statuten, bis der Erziehungsbetrieb in Nonnenwerth beginnen kann. Es bildet sich eine Organisation mit klösterlicher Regel und Klausur, daneben ein freier Schulbetrieb. Pater

Johannes Nepomuk Freiherr von Stöger, Autor verschiedener erbaulicher Schriften, hält Pfingsten 1850 Exerzitien für die Inselbewohner, die auch Damen aus Luises „Armenkränzchen" in Köln anziehen. Ursulininnen aus Würzburg werden mit der geistlichen Ausrichtung des Hauses betraut. Auguste von Cordier tritt als Erste in das Noviziat ein und trägt fortan den Klosternamen M. Angela. Luise Hensel strebt eine zweite Klosterordnung ohne Klausur an. Dieser als „Anschlussverein" betitelte Zweig ist allerdings nicht von Erfolg gekrönt.

Wilhelm Hensel nimmt an den Entscheidungen seiner Schwester lebhaften Anteil und hat dem König von ihren Unternehmungen in Nonnenwerth berichtet; der Monarch sei „wahrhaft erfreut" gewesen. „Jetzt, wo eure vorläufige Oberin da ist", schreibt Wilhelm an seine Schwester, „wirst Du deutlicher sehen können, wie sich die Sache stellt und wie Du zu ihr stehen kannst. Sage mir offen alles. Bist Du mit ganzer Seele dabei, so wünsche ich mit ganzer Seele Segen dazu."

Doch für Luise ist die Änderung der Ordensregel Grund, ihren Plan, auf der beschaulichen Insel zu leben, nicht länger zu verfolgen. Der Diözesanbischof versagt dem Anschluss einer zweiten Ordnung seine Zustimmung. Luise ist jetzt 52 Jahre alt. Sie traut sich die Kraft, sich einer strengen Ordensregel zu unterwerfen, nicht mehr zu. Im Oktober 1850 kehrt sie zunächst nach Köln zurück. Dann reist sie mit ihrer Schwester Minna nach Westfalen. In Paderborn gedenken sie gemeinsam den Winter zu verbringen, doch da meldet sich das Elisabethstift von Pankow, ein Kinderasyl, und bittet Minna, die Leitung des Hauses zu übernehmen, dessen Gründerin plötzlich verstorben ist. Luise bleibt um die Weihnachtszeit allein in dem nicht weit von Wiedenbrück gelegenen Langenberg. Hier ist ihr geistlicher Freund Bernhard Hensing als Pfarrer tätig.

Nach Nonnenwerth zieht es Luise Hensel im Laufe ihres Lebens noch mehrmals zurück, um den Klosterfrieden zu genießen. Schwester Angela, inzwischen Oberin, lässt im Herbst 1851 Schwestern des hl. Franziskus aus Holland auf die Insel kommen und festigt dadurch die kirchliche Trägerschaft dieses Eilandes. Inzwischen trifft am 31. März 1851 ein Brief des Bruders aus Berlin bei Luise ein. „Fräulein Mathilde von Waldenburg hat sich mal in geistiger Not an Dich gewendet und ein dankbares Andenken an Dich bewahrt. Sie ist wieder in geistiger Not und möchte eigentlich Deine Hilfe, und zwar als dauernde ... Die äußeren Bindungen würden wohl günstig sein, und gingst Du auf ihren Wunsch ein und äußertest mir Deine Wünsche, würde ich schon vor Deinem Kommen hier alles in Ordnung bringen können ... Den Charakter der Betreffenden wirst Du bald erfasst haben. Sie sucht das Wahre und Höchste, schwärmt für Religion, Kunst und alles Gute, ist aber launenhaft, unbeständig und hat kein Talent zu dauerndem Glück bei allen Gütern des Glücks und reicher Begabung. Sie war lange in einem Kloster in Prag, wo sie auch wohl den Schleier genommen hätte, ob sie gleich jetzt nicht katholisch ist, wäre das Kloster geeignet gewesen. Vielleicht würde Deine ruhige Sicherheit ihr helfen, und Du würdest wieder beitragen, dass sie anderen hilft ... Aber ob Du immer angenehme Tage dabeihättest? – Ich bin nichts, auch nur im entferntesten, für Dich eingegangen. Sage mir also ein ganz freies unbefangenes Wort."

Malerin, Dichterin, begeisterte Kunstliebhaberin – drei Merkmale, die Fräulein von Waldenburg auszeichnen. Da sie mit dem Katholizismus sympathisiert, plant sie eine Reise nach Rom. Luise Hensel soll sie begleiten. Doch zunächst scheint es angebracht, dass sie ihre lädierte Gesundheit saniert. Die Entscheidung fällt für Marienbad. Nach der Fastenzeit in

Münster, wo Luise Hensel mit Professor Schlüter zusammen-trifft, reist sie Ende April nach Berlin, um mit ihrem Bruder Wilhelm ein herzliches Wiedersehen zu feiern und dann eini-ge Tage später mit ihrer Schutzbefohlenen Mathilde von Wal-denburg nach Böhmen aufzubrechen. Während Mathilde die Kuranwendungen genießt, macht Luise die Brunnenkur eben-falls mit. Sie erfreut sich an der Landschaft, an der Herzlich-keit der Menschen, in denen sie nebenbei auch manches Rohe feststellt, und bewundert ihre alten Trachten. Ein Ausflug zum Kloster Tepl, ein 1193 gegründetes Prämonstratenser-Chor-herrenstift, steht ebenfalls auf der Wunschliste. Bedauerlicher-weise muss Luise feststellen, dass der geäußerte Wunsch zum Konfessionswechsel der Mathilde von Waldenburg wohl doch nicht so ernst gemeint war und die Weiterreise nach Italien in immer weitere Ferne rückt. Nach der zweimonatlichen Brun-nenkur trennen sich die beiden Frauen. Luise will in Schle-sien einen lange vereinbarten Besuch bei ihren Verwandten in Glatz nachholen. Sie reist über Prag, bewundert die Kirche auf dem Hradschin mit ihrer prächtigen Ausstattung, und steht staunend in der St. Wenzelskapelle. „Die Stelle, wo der hl. Jo-hannes von Nepomuk von der Brücke gestürzt wurde, war mir auch sehr rührend wie so viele Spuren und Andenken von ihm und anderen großen Menschen", hält Luise später in einem Bericht an Professor Schlüter fest.

Als sie bei Dr. Johannes Emanuel Veith, einem bekannten Schriftsteller und Kanzelredner, sitzt und mit ihm über Gott und die Welt spricht, sagt der plötzlich beim Aufbruch: „Jetzt müssen Sie auch unseren Enkel sehen." Er meint Friedrich Jo-hann Joseph Cölestin Fürst zu Schwarzenberg, den österrei-chischen Kardinal und Erzbischof von Salzburg und Prag. Luise fühlt sich in ihrer durchnässten Reisekleidung mit Regenschirm und den schweren Lederschuhen unpässlich, einem so hohen

Herrn zu begegnen, aber Veith antwortet auf ihre zahlreichen Einwände nur: „Tut nichts." Er hat die Kühnheit, seinen Gast an den wartenden, die Nase rümpfenden Damen und Herren direkt ins Kabinett zu führen, wo der Kardinal eine Audienz unterbricht und sich den neuen Gästen zuwendet. Am Ende reist Luise mit dem Segen des Oberhirten weiter.

„Höre, mein Schwesterherz", empfängt Bruder Wilhelm Luise auf der Rückfahrt über Berlin, „ich plane ernstlich eine Reise nach Rom und von dort in den vorderen Orient, und ich habe die Absicht, dich mitzunehmen."

Luise ist auf eine so lange und aufreibende Reise nicht vorbereitet. Sie zögert einen Augenblick mit der Antwort, doch dann sagt sie: „Schon allein, um dich mal eine Weile der aufreibenden politischen Arbeit zu entreißen, sage ich mit Freuden Ja."

„Der König hat mir nämlich den Auftrag erteilt, in Rom ein Porträt des regierenden Papstes Pius IX. zu malen. Ich nehme an, dass Friedrich Wilhelm IV. das Verhältnis zu den Katholiken in Preußen verbessern möchte."

Luise hat kaum mit den Reisevorbereitungen begonnen, da pfeift der König das Projekt zurück und erteilt seinem Hofmaler ortsgebundene Aufträge. Wilhelm ist enttäuscht. Denn er hat Luise schon in einem Brief vom 25. Juli 1851 darüber informiert, dass der König bei einem Diner in Sanssouci den Kammerherrn des Papstes, den Prinzen Hohenlohe, ersucht hat, Seine Heiligkeit in seinem Namen zu bitten, von sich ein Porträt anfertigen zu lassen.

Luise verbringt nun die Zeit in Pankow, wo ihrer Schwester Minna die Leitung des Elisabethstiftes, einer Waisen-Pflegeanstalt für kleine Kinder, obliegt. Sie besucht auch die langjährige Vertraute Gräfin Emilie Schlabrendorff in Göben, die seit dem 27. Juli 1851 verwitwet ist. Dann zieht es Luise zurück nach Langenberg, in die grüne und fruchtbare Umgebung des hochbetagten Pfarrers Hensing, von dem sie manchen durchdachten Plan empfangen hat. Die stillen Wintermonate verbringt Luise Hensel mit ihrer neuen Pflegetochter Bertha Fontaes in der flachen westfälischen Landschaft nahe Wiedenbrück. „Wir bewohnen in der Kaplanei zwei sehr kleine nette Zimmer, essen Mittag und Abend aber bei dem alten liebenswürdigen Pastor Hensing, dessen 80-jährige, sehr rüstige Cousine unser einziger Umgang ist. Da wir uns ganz selbst bedienen, allerlei zu nähen haben und täglich auch gemeinsam etwas lesen, so geht uns der Tag immer viel zu schnell um." Professor Schlüter sorgt für ansprechende Lektüre. Er macht die beiden Damen mit Adalbert Stifter bekannt und empfiehlt auch die Neuerscheinung „Das geistliche Jahr" der Annette von Droste-Hülshoff. „Wie leid tut es mir, dass ich die Dichterin nicht gekannt habe", trauert Luise. „Wie gern wüsste ich mehr von ihr."

Bereits 1819 hatte Annette von Droste-Hülshoff nicht zuletzt unter dem Einfluss ihrer frommen Großmutter Maria Anna von Wendt zu Papenhausen mit einer Gedichtsfolge zum Kirchenjahr begonnen, die sie mit Unterbrechungen kurz vor ihrem Tode 1848 abschloss. Doch nach ihrer Verfügung durfte der Zyklus nicht zu ihren Lebzeiten veröffentlicht werden, was drei Jahre später 1851 unter der Regie von Christoph Bernhard Schlüter und dessen Schwager Wilhelm Jungmann geschah. Die Texte trugen nach Ansicht der Autorin „die Spuren eines vielfach gepressten und geteilten Gemütes" und waren beeinflusst von existenziellen Erschütterungen wie durch die sogenannte „Jugendkatastrophe", die gescheiterte Liebesbeziehung zu ihrem Freund, dem Göttinger Studenten Heinrich Straube. Im Gegensatz zu den Dichtungen Luise Hensels, der Glaubenszweifel nicht fremd waren, ihnen aber auswich und nicht zum poetischen Bekenntnis verhalf, offenbaren die Gedichte und Lieder der Droste ehrlich die Skepsis an überkommenen Frömmigkeitsformen und begegnen manchen religiösen Aussagen der Kirche mit Fragezeichen. In diesem Werk findet man kein tröstendes Ich, das seinen Halt in Gott sucht, sondern Irritation, Unsicherheit, Verzweiflung, die erst allmählich und unter großer Anstrengung den Keim der Hoffnung wieder sprießen lassen.

Luise Hensel erkennt die dichterische Überlegenheit der Droste neidlos an. Schwerpunkt ihrer eigenen Poesie ist das religiöse Lied, das sie hauptsächlich in jugendlichen Jahren gepflegt hat. Betreuung und Pflege der Kranken, die Erziehungsarbeit in den Schulen, alles oft bis zur Erschöpfung getrieben, hindern sie oftmals, diesem Genre treu zu bleiben. Oder es entstanden Spontanstücke, die dem kritischen Auge des Prüfers nicht standhalten. Doch jetzt muss sich Luise Hensel ernsthaft mit ihren eigenen Gedichten und Liedern beschäftigen, denn Melchior von Diepenbrock plant eine zweite Ausgabe des „Geistlichen Blumenstraußes". Das Honorar, das Luise bekommt, hält sie für „unverdient", doch hilft es, die häuslichen Ausgaben der beiden Damen zu bestreiten.

### In deinem frommen Herzen

*In deinem frommen Herzen*
*ist alles still und licht.*
*Du weißt von meinen Schmerzen,*
*von meinen Kämpfen nicht.*

*Du hast mit frommer Treue*
*dich stets zu Gott gekehrt.*

*Weißt nichts von bittrer Reue,*
*die mir am Herzen zehrt.*

*Du kennst auch nicht die Sorgen,*
*die nimmer wollen fliehn,*
*die abends wie am Morgen*
*mein müdes Herz umziehn.*

*Um dich ist alles linde,*
*in dir ist alles rein.*
*In mir ist Reu' und Sünde,*
*um mich ist Sorg' und Pein.*

Die ersten unbeholfenen Schritte eigener Poesie ist Luise Hensel schon im Kindesalter gegangen, indem sie ihre Eingebungen auf Abfallpapier kritzelte und mit einer Nadel in die Schale von Kürbissen ritzte. Frau von Staegemann sprach später von „ihren hübschen kleinen Gedichten", schloss allerdings „auf ein sehr zartes, etwas krankhaftes Wesen". Luise selbst hielt ihre Werke nicht für wichtig. 1852 ließ sie Schlüter wissen: „Wenn ich sage, ich habe ein Lied gemacht, so ist das auch wieder nicht wahr; ich habe nie Lieder gemacht, sie wachsen mir so aus dem Herzen; es kommt von selbst und ist eigentlich nur für mich." 1854 bekommt sie einen Brief mit der Anschrift: Frl. L. H., Schriftstellerin. Die Sendung quittiert sie mit dem Satz: „Es wäre mir ebenso gut, wenn Dr. Schad mir eine Ohrfeige gegeben hätte."
Nein, eine Schriftstellerin will Luise nicht sein, allenfalls eine Gelegenheitsdichterin. Sie denkt immer bescheiden von ihren Versen, die mal veröffentlicht, mal von ihr verworfen werden. Diepenbrocks 1829 erschienener „Geistlicher Blumenstrauß"

vereint indes schon eine größere Sammlung ihrer Gedichte. Brentano ändert in ihren Zeilen manchmal recht rigoros herum. „Es wird dich wundern, wie einige ganz andere und katholische Verwandlungen erhielten", gibt er unumwunden zu. Die zweite Auflage des „Geistlichen Blumenstraußes" beinhalten bereits 40 Gedichte Luises, doch sie beklagte den ohne ihr Wissen erfolgten Druck der ersten Veröffentlichung und das „Durcheinander" mit den Liedern Brentanos. In der „Geistlichen Blumenlese aus deutschen Dichtern von Novalis bis in die Gegenwart", die der Publizist Hermann Kletke in Berlin 1841 herausgibt, ein Nachdruck von Diepenbrocks „Blumenstrauß", erscheinen 14 Hensel-Lieder. In der Vielfalt von neuen, ergänzten, gestrichenen Versen fragt Kletke 1857 an, ob er Luises „sämtliche Lieder" publizieren dürfe. Doch sie lehnte ab. Bernhard Schlüter bleibt die Ansprechperson bei der Auswahl weiterer Gedichte und Lieder. Vielleicht ist seine Blindheit mit schuld daran, dass einiges Material verloren geht.
Die Verlagsbuchhandlung Ferdinand Schöningh in Paderborn arbeitete an weiteren Auflagen. Luise widersetzt sich nicht mehr der Herausgabe. Offenbar hat Bischof Konrad Martin in Paderborn ein Machtwort gesprochen. An einigen Auflagen arbeitet die Autorin noch mit, bei anderen überlässt sie die Auswahl und Zusammenstellung zum Beispiel ihrem Biografen Franz Binder, Pfarrer in Altingen nahe Tübingen, Prälat Heinrich Ruland aus Paderborn und dem Paderborner Pfarrer Stuhldreier.

Im Sommer 1852 nimmt Bertha Fontanes im Kloster der Ursulinen in Dorsten den Schleier. Luise bleibt allein. Pläne will sie nicht mehr machen, „da Gott sie bisher so unerwartet vereitelt" habe. Wäre Münster nicht so teuer, würde sie sich am liebsten dort niederlassen. Doch noch winkt das freundliche Wiedenbrück. „Ich habe die Kirche gegenüber", schreibt sie an Appolonia Diepenbrock, „kann viel allein sein und billig leben." Zwei Jahrzehnte verbringt sie hier, von einigen Reisen unterbrochen, zwischen Kirchen- und Armendienst.

Ihre Gedanken schweifen häufig zurück in die Berliner Zeit. Wenn sie es recht besieht, konnte sie ihre Schwägerin Fanny im Haushalt zeitweise zwar entlasten, doch so recht durch Zuspruch zu fördern hat sie sich nicht getraut. Sie standen sich ja wie zwei Extreme gegenüber. Der starke Felix war überall im Wege. Auch wenn er nicht vor Ort und durch Konzertverpflichtungen außer Haus war, spürte man seine dominante Anwesenheit. Geliebt, gehätschelt, gepriesen – was gibt es noch für Attribute des Lobes über einen Mann, der musikalisch zu den Sternen aufstieg und die Welt aus dem Äther betrachtete? Dagegen war Fanny machtlos, obgleich sie so wunderbare Talente besaß, die sie nicht entfalten durfte.

Luise hat manches nur am Rande mitbekommen. Dass Lea Mendelssohn ihrem Bruder Wilhelm zuerst mit Abstand begegnete und ihrer Tochter Fanny die Verbindung mit dem zwar begabten, aber relativ mittellosen Künstler am liebsten ausgeredet hätte, war kein Geheimnis geblieben. Luise wusste von ihrem Bruder, dass er Fanny zum 17. Geburtstag einen Lyrikband seines Freundes Wilhelm Müller nebst einem Porträt von ihm sowie sein eigenes Selbstporträt geschenkt hatte und prompt die Retourkutsche von Lea am nächsten Tag bekam: „Ich wollte die Freude des gestrigen Abends nicht durch die Bemerkung stören, dass ich es nicht passend fände, wenn ein junger Mann einem jungen Mädchen sein Bild schenkt." Später musste Wilhelm Hensel noch eine Demütigung seiner künftigen Schwiegermutter hinnehmen: „Fanny ist sehr jung und ohne Leidenschaft ... Sie sollten sie durchaus nicht in jene verzehrende Empfindung reißen wollen und sie durch verliebte Briefe in eine Stimmung schrauben, die ihr ganz fremd ist."

Als Luise ihrem Bruder später die Briefe Fannys zu ordnen hilft, stößt sie auf eine Empfehlung ihres Vaters Abraham zu ihrem 23. Geburtstag: „Du bist gut in Sinn und Gemüt ... Aber du kannst noch besser werden! Du musst dich mehr zusammennehmen, mehr sammeln, du musst dich ernster und emsiger zu deinem eigentlichen Beruf, zum einzigen Beruf eines Mädchens, zur Hausfrau bilden."

Luise überlegt, geht in sich. Habe ich Fanny zu wenig wahrgenommen? Statt ihre Begabung anzuerkennen lieber Rosenkränze oder „Herz-Jesu-Litaneien" gebetet? Wenn ich an den Sorgen der Menschen Anteil nahm, habe ich nur auf ihre religiösen und materiellen Nöte geachtet? In der Tat – bei Felix und Fanny hatte man es mit einem ungewöhnlichen Geschwisterpaar zu tun ...

Felix war zweimal auf Vermittlung des Komponisten und Musikerziehers Carl Friedrich Zelter vom 72-jährigen Goethe in Weimar empfangen worden. Zelter, der ehemalige Maurer und musikalische Autodidakt, hatte Felix so angekündigt: „Meinem besten Schüler will ich gern Dein Angesicht zeigen, ehe ich von der Welt gehe, worin ich's freilich so lang als möglich aushalten will. Der Letztere ist ein guter hübscher Knabe, munter und gehorsam. Er ist zwar ein Judensohn, aber kein Jude. Der Vater hat mit bedeutender Aufopferung seine Söhne nicht beschneiden lassen und erzieht sie wie sich's gehört; es wäre wirklich einmal eppes Rohres, wenn aus einem Judensohne ein Künstler würde ..."

Beim zweiten Besuch kam auch Fanny mit. Genius Goethe interessierte sich mehr für Fannys Bruder, den er ans Klavier bat mit dem Wunsch „Ich habe dich heute noch gar nicht gehört, mache mir ein wenig Lärm vor."

Stundenlang konnte Goethe dem Spiel des Jungen am Piano zuhören. Doch er forderte ihn auch heraus. Er verfügte über Originalmanuskripte von Mozart und Beethoven. Die legte er dem Jungen vor. „Wirst du das hier auch spielen können?" Er konnte es, auch wenn die dahingeworfenen Noten nicht gestochen scharf waren. Felix schrieb an seine Eltern in Berlin: „Jetzt hört alle zu … Jeden Morgen erhalte ich vom Autor des Faust und des Werther einen Kuss, und jeden Nachmittag vom Vater und Freund Goethe zwei Küsse. Bedenkt!!! … Nachmittag spielte ich bei Goethen über zwei Stunden vor, teils Fugen von Bach, teils fantasiere ich …"

Allerdings hat der Dichterfürst Fanny mit einigen Reimen bedacht:

*Wenn ich mir in stiller Seele*
*singe leise Lieder vor:*
*Wie ich fühle, dass sie fehle,*
*die ich einzig auserkor.*

*Möcht ich hoffen, dass sie sänge*
*was ich ihr so gern vertraut;*
*Ach! Aus dieser Brust und Enge*
*drängen frohe Lieder laut.*

Fanny bedankte sich bei Goethe so: „Wenn es mir gelänge, die richtigen Töne zu ihren Worten zu finden, würde ich mich vielleicht als weniger unwürdige Besitzerin eines solchen Schatzes betrachten dürfen, in welchem Sie mir mit der Aufgabe zugleich einen Lohn verliehen haben, den nicht einmal die glücklichste Lösung erwarten durfte."

Ist Fanny mit ihrem Tod in Vergessenheit geraten? Es scheint so, obgleich im Nachhinein einige bezaubernde Werke von ihr an die Öffentlichkeit dringen, von wohlmeinenden Musikern, Dirigenten und Verlegern prononciert. Dagegen liest man von ihrem Bruder des Öfteren in den Annalen. Die Liste seiner Kompositionen, die durch die Welt schwirren, wird lang und länger. Felix hat sich ebenfalls für die Werke von Händel und Johann Sebastian Bach stark gemacht. Er lebt, auch nach dem Tod, und erobert die Musik liebende Gesellschaft. Von seiner Schwester redet man hingegen nicht. Charles Gounood jedoch schreibt in seinen Memoiren: „Frau Hensel war außerordentlich musikalisch gebildet und spielte vorzüglich Klavier. Trotz ihrer kleinen schmächtigen Natur war sie eine Frau von hervorragendem Geiste und von einer Energie, die man in ihren feurig blickenden Augen lesen konnte. Zugleich war sie eine selten begabte Komponistin …"
Ludwig Rellstab, der Kontakte zu vielen berühmten Komponisten seiner Zeit besaß und der anlässlich einer abendlichen Bootsfahrt auf dem Vierwaldstättersee den 1. Satz von Beethovens Klaviersonate cis-Moll opus 27/2 zur „Mondscheinsonate" deklarierte, schrieb über Fanny: „Sie trat, obwohl jeder ausgedehntesten und schwierigsten Form völlig mächtig, doch nur mit Ergüssen der unmittelbaren Empfindung, vorzugsweise mit schönen Liedern, in die Öffentlichkeit und machte das Anrecht auf Größeres, das sie voll-gütig besaß, nicht geltend. – Die ihren künstlerischen Wert erkannten, müssen ihn auch erkennen und der Verfasser dieser Zeilen fühlt sich um so mehr dazu gedrungen, als auch der die schönsten Zeiten der jugendlichen Kunstentwicklung mit dem Kreise schuldig ist, in welchem sich die seltene Talent-Blüte der zu früh von uns Geschiedenen entfaltete! – Und unübersehbar ist die Zahl derer unter uns, die ihr gleiche Gesinnungen des Dankes und

der Verehrung widmen müssen; das wird ihre schöne Begleitung an den Rand der Gruft sein."


*L*uise Hensel lebt in einer anderen Welt. Sie hilft, wo ein mittelloses Kirchlein Mangel leidet, saniert die Paramente, repariert ein Messgewand, sorgt für den Kirchenschmuck. Auch Fahnen für Prozessionen müssen hergestellt werden. Die Weihnachtskrippe, die sie seit 30 Jahren kennt, ist überholungsbedürftig. Dann melden sich Kranke, die gepflegt werden wollen, Briefe, die auf Antwort warten. Zu dem Menschen, die ihrer harren und die sie mit guten Worten bedenkt, gehört die Familie des Kreisrichters Alfred Hüffer. Seine Frau Bertha ist eine geborene von Mallinckrodt. Luise kennt sie noch aus der Aachener Zeit. Frau Hüffer ist die jüngere Schwester ihrer ehemaligen Schülerin Pauline von Mallinckrodt. Es gibt so viele, denen Luise Hensel eine unverhoffte Freude macht, sei es durch tröstende Worte oder kleine Bildchen, die sie scherenschnittartig zurechtformt und mit denen sie ihre Briefe garniert.

Wie grenzenlos Gottes Schöpfung ist, wird Luise in den Nächten, in denen sie nicht schlafen kann, bewusst. Dann betrachtet sie den Himmel, sieht das endlose Gewirr von Sternen und Planeten und weiß doch, dass ihnen eine Ordnung zugrunde liegt. Einige Sternbilder kennt sie mit Namen, die Astronomen überraschen manchmal mit neuen Entdeckungen im Weltall, denen sie merkwürdige Namen verpassen.


*A*m 20. Januar 1853 wird Fürstbischof Diepenbrock auf seinem Schloss Johannesberg in Österreich-Schlesien in die Ewigkeit abberufen. Luise hat ihn bei ihrem letzten Besuch leidend und gealtert vorgefunden, sein plötzlicher Tod erschüttert sie sehr. Sie möchte am liebsten zu Appolonia Diepenbrock aufbrechen, um die Schwester des Verstorbenen zu trösten. Das letzte halbe Jahr hat sie an seiner Seite ausgeharrt und sein Sterben aus nächster Nähe miterlebt. Luise widmet dem Toten ein Gedicht.

### Melchior v. Diepenbrock
*(† den 20. Jan. 1853)*

*Wohl Dir, o Held! Du hast den Lauf vollendet,*
*den großen Lauf, den Dir der Herr gebot.*
*Dein Geist hat sich von diesem Stern gewendet*
*und lebt ein höh'res Leben nun in Gott.*
*Dein Trauern all, Dein Sehnen ist geendet,*
*tief unter Dir liegt jede Erdennot.*
*Wohl Dir! Weh mir!*

*Weh mir! Den Freund, den Leitstern soll ich missen,*
*den Führer auf der wirren Lebensbahn!*
*Im Fuß den Dorn, das Herz von Schmerz zerrissen,*
*wie klimm' ich nun den steilen Pfad hinan?*
*Allein, allein in dichten Finsternissen —*
*kein Stern, der meinem Pfade leuchten kann.*
*Weh mir! Wohl Dir!*

Luise gewinnt in ihrer Hauswirtin Gertrud Schwenger, Tochter des inzwischen verstorbenen Bürgermeisters Schwenger von Wiedenbrück, eine treue Gefährtin, die nur einen Wunsch hat, unverheiratet zu bleiben und mit ihr zusammenzuleben. Der Kreisrichter Alfred Hüffer und dessen

Gattin Bertha sind ihr fortan treue Freunde. Die Monate sind neben den genannten Arbeiten gefüllt mit einer ausufernden Korrespondenz. Aus allen Teilen des Landes, von der Ostsee, aus Berlin, aus Aachen, vom Rhein und aus Schlesien treffen Briefe mit Hilfsersuchen und Einladungen ein, die zeitraubend beantwortet werden müssen.

Luise ist immer bedacht, möglichst wenig Ansprüche zu machen, jedoch anderen mit Herzlichkeit zu begegnen und ihnen das Leben zu verschönern. Seit Fürstbischof Diepenbrock heimgegangen ist, denkt sie unentwegt an dessen Schwester Appolonia. „Meine Gedanken sind immer mit Dir beschäftigt, und ich meine fast, Du müsstest es fühlen", schreibt sie der Freundin. Sie ist die einzige Jugendfreundin, die ihr geblieben ist, denn „neun frische Grabhügel" sind die Bilanz der letzten Jahre. Im Mai 1854 unterbricht Luise Hensel den Aufenthalt in Wiedenbrück und fährt nach Köln, um „in einer verwickelten Angelegenheit" bei einem ihrer Pflegekinder Rat und Hilfe anzubieten. Auch ihr Bruder Wilhelm wird hinzugezogen. Dann hält sich Luise kurze Zeit in Berlin auf und schreibt von dort der Freundin Appolonia, sie für eine Weile in Regensburg aufsuchen zu dürfen, was freudig begrüßt wird. Appolonia Diepenbrock betreut in Regensburg kranke Kinder und Erwachsene, für die sie eine eigene Wohnung gemietet hat, und geht auch in die Spitäler, wacht bei den Kranken, sammelt Almosen für Bedürftige und spendet von ihrem eigenen Vermögen. Natürlich kommt diese Tätigkeit den Bedürfnissen Luise Hensels entgegen. Sie bleibt mehrere sommerliche Wochen im St. Josephshaus, kniet sich in die Arbeit mit den Schutzbefohlenen und dichtet beim Abschied:

## Scheidegruß

*O, wie bitter ist das Wandern,*
*wenn die Seele rückwärtszieht*
*und ein liebes Auge lange*
*weinend noch herübersieht.*
*Und ein Tüchlein flattert ferne,*
*bis dich birgt des Waldes Saum;*
*Siehst es winken, siehst es blinken,*
*wehen noch durch deinen Traum.*

*Ach, die Sonne scheint dir trübe,*
*und dich freut kein Lerchenlied –*
*bitter, bitter ist das Wandern,*
*wenn die Seele rückwärtszieht.*

*L*uise kann nicht zurückreisen, ohne in Aschaffenburg dem Grab ihres lieben Freundes Clemens Brentano einen Besuch abzustatten. Emilie Brentano, die Witwe von Clemens' Bruder Christian, ersucht die Dichterin, ihre Erlebnisse mit Clemens aufzuschreiben und Lücken in seiner Biografie zu füllen. Als Luise dort erscheint, muss sie feststellen, dass ein Teil der Briefe schon publiziert worden ist, der eigentlich hätte vernichtet werden sollen und der sie unter Kennern als Autorin identifiziert, obgleich sie „an eine Ungenannte" apostrophiert worden sind. Luise ist anfangs verärgert, doch mit der Zeit gewinnt sie einen anderen Eindruck von dem Fauxpas. Der Trapistenabt Ephrem in Ölenberg, Elsass, schreibt an die „Ungenannte": „Beim Lesen der Briefe des seligen Clemens war ich anfangs unwillig über die Unbescheidenheit der Herausgeberin. Ich hatte vernommen, dass auch Sie nicht zufrieden sind. Jetzt habe ich meine Meinung geändert und freue mich, dass die Briefe an Sie abgedruckt sind. Als ich las, unterbrach ich einmal die Lektüre und schaute in eine Sammlung von Briefen deutscher Klassiker, die sich hier befindet, und war erstaunt über das Elend des Inhalts dieser gepriesenen Literatur. Gewiss hat kein Mensch so schöne Briefe geschrieben als Clemens Brentano ..." Luise fühlt sich dem Andenken an ihren Freund Clemens verpflichtet, aber sie möchte auch, dass Fürstbischof Melchior von Diepenbrock nicht vergessen wird. Der Bitte einer schlesischen Freundin folgend reist sie im Sommer 1856 für drei Wochen nach Breslau und bittet den Nachfolger auf dem Bischofsstuhl, Fürstbischof Dr. Heinrich Förster, um Mithilfe bei einer Biografie. Im Rückblick schreibt sie an Appolonia Diepenbrock: „In Breslau hat man mir viel Liebe und unverdiente Ehren erwiesen." Fünfmal trifft sie mit dem Fürstbischof zusammen. Doch die Gespräche sind nicht so ergiebig, wie Luise gedacht hat, denn dem Oberhirten fehlt die Zeit und er hat auch die erforderlichen Unterlagen noch nicht beisammen. Die beiden Freundinnen ahnen, dass sie noch viel Geduld aufbringen müssen, bis das gewünschte Werk zustande kommt.

Maria Pohl, Tochter eines angesehenen Professors in Breslau, teilt die Absicht Luises, ein klösterliches Leben zu führen. Sie hatte bei den Karmelitinnen in Innsbruck 1855 Aufnahme gefunden, war wegen ihrer schwachen Gesundheit der strengen Ordensregel jedoch nicht gewachsen und hofft nun unter Luises Beistand auf eine neue Lebensführung. Bei ihren gemeinsamen Überlegungen stoßen sie auf die Regeln und Statuten eines Klosters von der ewigen Anbetung, die der Kardinal-Erzbischof von Mecheln 1856 kanonisch approbiert hat. Zusammen mit der Freiin Anna von Stillfried, die sich von diesen Plänen begeistern lässt, nähren sie in ihrem nun beginnenden Briefaustausch die Hoffnung, dass ihr Klostertraum sich allmählich erfüllen lässt.

Luises Gesundheit macht derweil der treuen Freundin Appolonia Diepenbrock Kopfzerbrechen. Obgleich sie sie nicht sieht, spürt sie, dass etwas nicht in Ordnung ist.

„Ich beobachte schon eine Weile, auch wenn ich dich nicht sehe, dass es dir nicht gut geht, Luise. Du solltest mal eine Pause einlegen."

Luise wehrt die Bedenken ab. „Du siehst im Geist mein Haar allmählich grau und weiß werden und schließt darauf auf meinen Gesundheitszustand, liebe Freundin. Das ist zwar ein Liebesbeweis, doch trifft er nicht die Realität."

So ganz überzeugend klingt die Erwiderung nicht, wie sich bald herausstellt. Ein Arzt in Breslau rät zu einer Kur in einem Seebad, die sich im niederländischen Blankenberghe verwirklichen lässt. Hier quartiert sich Luise bei den Schwestern im Kloster vom hl. Josef ein, denen sie von Anna Katharina Emmerick nicht genug berichten kann. Über den Wallfahrtsort Kevelaer und einige Orte im Rheinland, wo sie bei Freunden Station macht, kehrt sie schließlich nach Wiedenbrück zurück, wo sie bald darauf die Breslauer Freundin Maria Pohl erwartet. Mit ihr unternimmt sie abermals eine Rheinfahrt, die über Bonn und Koblenz nach Nonnenwerth und Speyer führt. Zwanzig Tage sind sie unterwegs. Höhepunkt der Reise ist das Hildegardisfest in Eibingen bei Rüdesheim mit einer Prozession, bei der die Reliquien der Heiligen durch die freie Natur getragen werden.

Nach Wiedenbrück zurückgekehrt, erlebt die Stadt eine Feuersbrunst, der 17 Gebäude, darunter 15 Wohnhäuser, zum Opfer fallen. Luise Hensel reiht sich in die Schar der Helfer ein. „Ich stand in einer Kette mit der Frau Hüffer und der

Bertinetti der Brandstätte gegenüber, hatte aber nur die leeren Eimer zu reichen, also keine zu schwere Arbeit", schreibt sie an Appolonia am 21. Oktober 1857. Therese Bertinetti ist eine von Schicksalsschlägen gezeichnete junge Frau aus Norddeutschland, die bei Luise menschlichen Beistand sucht. Sie tritt ein Jahr später in Paderborn ins Kloster ein.

*L*uise Hensel ist wieder einmal reisefertig. Solange ihr Bruder Wilhelm lebt, zieht es sie aus ihrem Schwalbennest in Wiedenbrück wiederholt nach Berlin. Sie lebt in der Stadt, aber auch im Waisenstift in Pankow bei ihrer Schwester Wilhelmine, von allen nur Minna genannt. Unter den alten Freundinnen, die sie in der preußischen Hauptstadt trifft, ist auch eine Schülerin aus der Aachener Zeit, Maria Everken, die jetzt die verwitwete Frau Geheimrat Schmidt ist und aus Paderborn stammt. Frau Schmidt ist die Stütze des katholischen Gemeindelebens in Berlin und zeichnet sich durch unermüdliche Hilfe für Arme und Kranke aus. In den sieben Wochen in Berlin hat Luise nur mit Trauernden zu tun. Ihr erster Zögling in Aachen war Freiin Josephine von Werther, die ihren am 7. Dezember 1859 heimgegangenen Vater, den Minister und Oberst-Marschall von Werther, beklagt. Frau von Savigny, Brentanos Schwester Kunigunde und Gemahlin des zeitweiligen Ministers, möchte Luise Hensel am liebsten immer um sich haben und wirbt mit verschiedenen Angeboten. Von 1857 bis 1862 nimmt sie zeitweise gern die Einladungen an und bewohnt ein freundliches Gastzimmer. Auch der Geheimrat Karl Friedrich von Savigny in Frankfurt freut sich über ihre Anwesenheit. Luise weiß, dass sie von vielen Menschen geschätzt, ja, geliebt wird, und versucht, den Glanz, der auf ihr liegt, durch demütiges Verhalten zu zerstreuen.

Da bringt ihr jemand die Botschaft, „Die schöne Müllerin", dieser Liederzyklus von Wilhelm Müller in der Vertonung von Franz Schubert, stehe auf dem Programm. Da Luise betroffen schweigt, sagt ihr eine Freundin: „Das wäre doch die beste Gelegenheit, sich die Lieder anzuhören. Schließlich bist du nicht ganz unschuldig an ihrer Entstehung."

Jetzt aus dem Abstand von mehreren Jahrzehnten erinnert sich Luise wieder an die verflossenen Jahre im Staegemann'schen Haus. Ob überhaupt noch jemand aus der damaligen Zeit existiert? Luise weiß, dass einige Aufführungen noch zu Lebzeiten Schuberts stattgefunden haben. In der Universitätsbibliothek Breslau brachte der Bariton Johann Theodor Mosewius am 16. März 1825 den Inhalt des erste Heftes Nr. 1 bis 4 im Rahmen einer musikalischen Abendunterhaltung zu Gehör. Für 1856 ist die erste zyklische Aufführung durch Julius Stockhausen in Wien belegt. Doch jetzt sitzt der junge Johannes Brahms am Piano und begleitet den herzlichen Frühlings- und den dumpfen Trauergesang.

Luise überlegt, wägt, entscheidet sich gegen einen Besuch. Der unglückliche Wilhelm Müller, der Textdichter, hat ihretwegen gelitten, weil sie sich gegen seine Werbung entschied, sich nicht vermählen wollte und lieber den göttlichen Heiland zum Lebenspartner annahm. Das klingt theatralisch und für viele unverständlich. Wilhelm stand ihr nahe, aber nicht so, dass sie ihn hätte heiraten wollen, was sein innigster Wunsch gewesen wäre. Sie hat seinen Lebensweg aus der Ferne verfolgt, bis er mit nur 32 Jahren starb. Schubert erreichte nicht einmal dieses Alter. Im Laufe ihres vielseitigen sozialen Engagements hat sie die Jahre im Staegemann'schen Salon fast vergessen. Sie blieben hinter den religiösen Erwartungen und Verpflichtungen zurück. Sie kann auch jetzt nicht anders, als auf das Ziel einer eigenen Gemeinschaft hinzuarbeiten.

Die Erzieherin, Krankenpflegerin und Dichterin hofft wieder auf einen gesegneten Winteraufenthalt in Wiedenbrück, wo sie mit ihrer Schwester Minna inzwischen ein paar Wochen verbracht hat, da liest sie in der Zeitung von einem schrecklichen Vorfall: Am 4. November 1861 hat ihr Bruder Wilhelm im Straßengedränge Berlins einen bösen Unfall erlitten. Er rettet einen auf der Leipziger Straße vor einem Omnibus niederstürzenden Mann vor dem Überfahren, wird aber zugleich vom Rad einer vorbeiratternden Droschke erfasst und an der Ferse verletzt. Luise ist auf die Nachricht hin zutiefst erschrocken und will sogleich nach Berlin eilen. Da der Bruder jedoch abrät, weil „gottlob keine Lebensgefahr" besteht, verschiebt die Schwester die Abreise. Wenige Tage zuvor hat sie die Todesnachricht des von ihr geschätzten alten Ministers von Savigny erhalten und seiner edlen Gesinnung gedacht. Sie schreibt dem Bruder nach Berlin: „Nur wieder in Eile ein Gruß, da Du ohnehin wohl nicht viel lesen kannst, und die Nachricht, dass ich nach der tröstlichen Kunde, die mir soeben Hannchen Rosenberg brachte, beschlossen habe, noch einige Tage mit meiner Abreise zu warten, um mich besser und wärmer dazu einzurichten ..."

Da erreicht sie ein Brief der Schwester Minna aus Pankow mit der Nachricht vom Ernst der Lage um ihrer beider Bruder. Nun ist kein Halten mehr. Sie steigt in Rheda in den Zug nach Minden. Dort erreicht sie den Kurierzug, fährt die Nacht durch und ist am Morgen in Berlin. Wilhelm Hensel liegt im Sterben. Die näheren Umstände seines „mit Riesenschritten" nahenden Todes hat Luise in einem Brief an Professor Schlüter zusammengefasst. Am 26. November, abends gegen halb zehn Uhr, endet sein Lebensweg. Luise ist wie am Boden zerstört. Vor allem beklagt sie, dass sie nicht früher nach Berlin aufgebrochen ist, um ihrem Wilhelm beizustehen. Sie schreibt zahllose Briefe an Freundinnen und Klosterschwestern und bittet um Gebete für die Seele ihres Bruders und bekommt manche tief empfundene Zusicherung.

„Einer Freude ist mein Herz nicht mehr fähig in dieser Welt", notiert sie, „aber dazu sind wir auch nicht geboren." Während sie bei der vereinsamten Frau Kunigunde von Savigny den ganzen Winter bis Mai ausharrt, bedauert Luise: „Hätte ich gleich nach meiner Zelle zurückgekonnt, wo ich Einsamkeit und reichlich meine kirchlichen Tröstungen haben könnte, würde ich diesen überaus schmerzlichen Verlust besser und weniger nachteilig für mein Leben tragen gelernt haben. Ich kann aber die arme gute Ministerin, die schon sehr schwach ist, nicht verlassen, ohne gegen sie und die Ihrigen, die mir im Leben so sehr viel Liebe erwiesen haben, undankbar zu sein, und so werde ich wohl bis zum Frühjahr, wenn sie so lange lebt, hier in dem mir jetzt so überaus traurigen Berlin aushalten müssen. Gott helfe mir zur treuen Benutzung der kurzen Zeit, die mir hienieden noch zuteilwerden kann."

Die auch Gundel oder Gunda genannte Kunigunde war eine geborene Brentano und eine der Töchter des Frankfurter Kaufmanns Peter Anton Brentano und seiner zweiten Ehefrau Maximiliane von La Roche, von der Goethe zutiefst beeindruckt war und die er in seinem Briefroman „Die Leiden des jungen Werther" verewigte. Ihre Großmutter Sophie von La Roche war eine bekannte Schriftstellerin. Frau Kunigunde von Savigny überlebte ihren Gatten um eineinhalb Jahre und starb am 17. Mai 1863.

In der Folgezeit widmet sich Luise Hensel dem poetischen Nachlass ihres geliebten Bruders. Denn neben seinen genialen Werken der gestaltenden Kunst hat er eine Reihe von Gelegenheitsgedichten an seine Geschwister, Kunstgenossen und Freunde verfasst sowie Sonette an seine Frau Fanny geschrieben. „Ich möchte Ihnen gern manches von meinem Bruder mitteilen", schreibt sie am 25. Juli 1862 an Schlüter, „seine Gedichte sind zum Teil wunderschön. O wie unendlich viel ist mir mit ihm gestorben."

Seiner geliebten Schwester dichtete Wilhelm zum 30. März 1861, dem 63. Geburtstag Luises:

*Willkommen meinem Herzen,*
*in dem erhöhten Schlag,*
*du Dreißigster des Märzen,*
*der Schwester Werdetag!*

*Der Schwester, die in Treuen*
*gehalten an dem Bund,*
*den heilig wir erneuern*
*noch in der letzten Stund.*

*Die wird uns nimmer scheiden,*
*wenn eines früher geht,*
*eint fester nur die beiden*
*in Segen und Gebet.*

*So wallen wir denn weiter,*
*rein, durch der Zeiten Arg:*
*Wir wissen, siegesheiter,*
*wo Gott die Arche barg!*

Sebastian Hensel, Luises Neffe, ist inzwischen mit dem künstlerischen Nachlass seines Vaters in Ostpreußen beschäftigt und bittet die Tante, ihm dabei zu helfen. Wie sich herausstellt, hat Sebastian wenig Kenntnis vom Wert der Kunstwerke. Acht Monate ist Luise Hensel inzwischen von daheim fort. Am 9. Juli 1862 trifft sie endlich wieder in Wiedenbrück ein.

Doch auch dort hält sie es nicht aus: Gichtige Schmerzen nötigen sie, in den Heilquellen von Aachen Linderung zu suchen. Das Wiedersehen mit alten Schülerinnen oder ihren Kindern belebt ihr Gemüt. Klara Fey ist Oberin ihrer Genossenschaft „Schwestern vom Kinde Jesu", Franziska Schervier Stifterin und Generaloberin der „Armen Schwestern vom hl. Franziskus". Auch in Aachen hat Luise Hensel einen Teil der Gedichte ihres Bruders dabei. Und sie wird auch in Nonnenwerth daran arbeiten, wohin es sie kurzerhand verschlägt. Anschließend verhandelt sie nach einem Abstecher nach Tirol und Regensburg in Münster über die Sonette Wilhelm Hensels. Im September 1868 tritt die Siebzigjährige nochmals die beschwerliche Reise nach Großbarthen in Ostpreußen an.

Freunde der Poesie beknien sie, endlich auch an die Herausgabe ihrer eigenen Werke zu denken. Der bekannte Hamburger Arzt Dr. Nikolaus Heinrich Julius ist einer der ersten Mahner. Dazu berechtigt ihn seine Verbindung zum Hause Hensel und Mendelssohn. Zunächst muss er den Widerstand Luises brechen. „Sie werden manches fromme Gemüt erbauen, erquicken und stärken", schreibt der Arzt „gerade weil Sie mitten inne stehen zwischen der sanften, nun auch heimgegangenen Luise Desbordes und der kräftigen Annette von Droste-Hülshoff. Dies zuzulassen ist nun Ihre Pflicht neben der von Ihnen mit Recht gewünschten Herstellung geistigen Eigentums zwischen andern und Ihnen. Drum senden Sie sie mir möglichst bald, der Ihnen gemäßen Ordnung gemäß beziffert, über die ich dann vielleicht noch einiges bemerke, im Vorworte aber

Sie nicht lobe, sondern nur zum Lesen auffordere … Zögern Sie nicht länger!"

Professor Schlüter aus Münster bietet seine Mithilfe ebenfalls an. Doch Luise ist unschlüssig. „Ich muss Ihnen gestehen", teilt sie ihm bald mit, „dass ich trotz allem großen Widerstreben meines Herzens an eine Herausgabe meiner Lieder denken kann. Es kommt mir immer wie eine Rohheit vor, so die innerste Seite meines Seelenlebens nach außen zu kehren und gleichsam auf den Markt zu setzen."

Luise Hensel ist eine unruhige Seele. Immer wieder fühlt sie sich aufgerufen, in Notsituationen einzuspringen. Ihre Freundinnen und Freunde werden mit ihr alt und älter. Die Beschwerden und ernsten Krankheiten nehmen zu. Die Menschen rufen nach Luise, und sie reist, zwingt sich aus ihrer Ruhe und nimmt die Unwägbarkeiten des Alltags auf sich. Dr. Julius stirbt, jetzt drängt Professor Schlüter, die Reinschrift der Lieder zu vollenden. Nicht lange nach Neujahr 1869 erscheint der Lyrikband unter dem Titel „Lieder" von Luise M. Hensel, herausgegeben von Professor Dr. Christoph Schlüter, Paderborn 1869. Die Öffentlichkeit nimmt das Buch mit Wohlwollen auf. Bald wird eine zweite Auflage vorbereitet, jetzt jedoch ohne das Vorwort des Professors. Er sieht in Luise das Idealbild einer geistigen Dichterin, dem Luise widerspricht, so wie er in der Fürstin Gallitzin das Idealbild einer guten Katholikin erkennt. Sein Vergleich der Autorin mit Annette von Droste-Hülshoff ist Luise Hensel peinlich. „Zu Annette von Droste-Hülshoff kann ich nur hinaufsehen wie zu einer völlig unerreichbaren poetischen Höhe", ist ihre Meinung.

Das erste Exemplar des Buches erhält Appolonia Diepenbrock. Hier beklagt Luise noch mal die „gut gemeinte, mir aber ganz taktlos erscheinende Vorrede meines alten Freundes". In einer dritten Auflage, die nach Luises Tod erscheint, ist das Vorwort wieder zu lesen. Die Reaktion auch auf dieses Buch ist unterschiedlich, meist jedoch positiv. Da es vornehmlich in katholischen Kreisen bekannt gemacht wird, hält sich die Kritik in Grenzen. Der Dichter Ferdinand Freiligrath hatte schon 1842 von St. Goar aus seinen Schwestern ein Notenblatt „mit einem wunderschönen Abendliede" geschickt, das bis in die Gegenwart im Umlauf ist: „Müde bin ich, geh zur Ruh". Diese in erster Linie als Abendgebet verstandene Dichtung entstand in der Dämmerung eines Herbsttages bereits 1816 im 18. Lebensjahr der Autorin, gewinnt aber jetzt, im Alter, auch für sie immer größere Aktualität. Der Gedanke, ein Kloster der Ewigen Anbetung zu gründen, keimt neu auf, schließlich bietet das Honorar für die Buchveröffentlichung einen soliden Grundstock und der Bischof von Paderborn hat die Statuten bis auf kleine Änderungen auch gutgeheißen. „Genossenschaft der Eucharistinnen" soll die Gründung heißen. Junge Frauen wissen, wenn sie sich nicht auf die Rolle der züchtigen Ehe- und Hausfrau mit Kirche und Kinderkriegen vorbereiten, bleibt ihnen alternativ der Eintritt in eine klösterliche Gemeinschaft. Insofern kann Luise auf interessierte Bewerberinnen hoffen. Doch dann hindern die politischen Ereignisse sie, ihre Pläne zu verfolgen.

„Es ist ein trauriges Ding um die Politik", schreibt sie an Schlüter, „und man kann sie jetzt doch so schwer aus dem Kopf bringen." Das Kriegsgewitter ereilt sie 1870 auf Schloss Knippenburg ihres Freundes, des preußischen Justizkommissars, Juristen und Schriftstellers Friedrich Carl Devens bei Oberhausen, hier trifft sie auf eine ihrer dankbaren „Zöglinge", die inzwischen ihre Schwester verloren hat und vereinsamt ist. Nach drei Wochen, auf der Heimfahrt nach Wiedenbrück, hört sie auf den Bahnsteigen von der Kriegserklärung Frankreichs gegen Deutschland. Das bedeutet für sie, mithilfe eines von ihr gegründeten Frauenvereins Verbandsmaterial und kleine mit Heu gefüllte Kopfkissen herzustellen, die sie in Rheda in die dort haltenden Lazarettzüge liefert.

Aber eine schwere Sorge bereitet ihr das am 8. Dezember 1869 eröffnete Vatikanische Konzil, auf dem die Unfehlbarkeit des Papstes in Glaubensfragen Gegenstand heftiger Erörterungen ist. Manche ihrer treuen Gefährten lehnen das Dogma ab. Luise überlegt, ob sie die Korrespondenz mit manchen Professoren, die sich konträr den Ereignissen gegenüber verhalten, nicht zurückfordern solle. In ihrer letztwilligen Verfügung legt Luise fest: „Im Fall mich der Tod übereilt, bevor ich alle meine Papiere geordnet und über sie bestimmt habe, will ich hiermit feststellen, dass sie sämtlich an den Exekutor meines Testaments, Herrn Kreisgerichtsrat Alfred Hüffer, derzeit zu Paderborn, gesendet werden zur Sichtung und teilweisen Vernichtung nach seinem Urteil, nicht aber, wie ich früher in meinem dem Gericht hieselbst übergebenen Testamente bestimmt hatte, dem Herrn Professor Dr. Reinkens zu Breslau, und weil derselbe sich leider außerhalb der Kirche gestellt hat, mithin mein Vertrauen nicht mehr besitzt. Luise M. Hensel. Wiedenbrück, den 8. Dezember 1871."

Der Morgen befreit sich kampflos aus den Fesseln der Nacht und streut sein erstes Licht über die Stadt. Die Turmspitze der Aegidius-Kirche nimmt allmählich festere Formen an, bis sie sich deutlich aus dem Häusergewirr abzeichnet. Die ersten Karren rattern über die gepflasterten Straßen, ihr Lärm vertreibt sekundenlang die Tauben von den Bäumen und Dächern, bis sie flügelschlagend auf ihre alten Ruheplätze zurückkehren.

Luise lauscht und lächelt. Gertrud Schwenger ist noch nicht wach. Ihre leichten Schnarchgeräusche dringen selbst durch die geschlossene Tür. Die frühere Bürgermeistertochter ist erst spät ins Bett gekommen, weil sie am gestrigen Abend zu lange über den Paramenten gesessen hat, an der aufgelösten Zierde eines Messgewandes und an den mutwilligen Rissen in zwei Messdienergewändern, die sich zwei Lausbuben im jugendlichen Streit vor dem Gottesdienst zugefügt haben. Präzise muss die Flickarbeit sein, fast nicht erkennbar. Darauf legt Gertrud wert und darüber verflüchtigen sich die Stunden. Deshalb lässt Luise sie auch länger schlafen, während sie selbst den seligen Morgen zum Gebet und Dichten nutzt. Bleistift und Papier liegen nicht nur auf dem Nachttisch bereit, sondern auch auf dem kleinen Schreibtisch unter dem Fensterkreuz, hinter dem sich das mächtige Gemäuer der Kirche abzeichnet.

Wiedenbrück ist ein Fluchtort. Wie oft ist Luise von hier unruhig aufgebrochen, wie oft Ruhe suchend und erschöpft zurückgekehrt. Auch das Alter lässt sie nicht still sitzen, die Nöte der Menschen lassen ihr keine Ruhe. Luise hört sie, sieht sie, bekommt immer wieder Hilferufe, denen sie folgt, aber jetzt muss es damit ein Ende haben. Körperliche Gebrechen hindern sie. Gliederschmerzen, Rheuma, sogar Anfälle von Gicht diagnostiziert der Arzt, der zur totalen Ruhe mahnt.

### Sehnsucht nach Ruhe

*Herr, deine Magd ist müde;*
*O nimm sie ein zur Ruh'!*
*Hienieden ist kein Friede;*
*Herr Jesu, rufe du!*

*Ich habe kein Gefallen*
*An Tand und eitelm Scherz,*

*Muss still und einsam wallen,*
*Kein Herz für dieses Herz.*

*Viel hat es wohl gelitten*
*Ach, Herr, noch mehr gefehlt*
*Manch heißen Kampf gestritten,*
*Die Wunde still verhehlt.*

*Da kann nun hier nichts halten,*
*Kein Glück, kein goldner Schein;*
*Es sucht bis zum Erkalten,*
*Herr Jesu, dich allein.*

*Sein Schatz ist nicht hienieden,*
*Drum kann es hier nicht ruhn.*
*So nimm es ein zum Frieden!*
*O ja, du wirst es tun.*

*Und wenn in treuem Sehnen*
*Dies arme Herz nun bricht*
*Und wenn in heißen Tränen*
*Erlischt der Augen Licht:*

*Dann neigst du dich herüber,*
*Dann hab' ich abgebüßt,*
*Dann nimmst du mich hinüber,*
*Wo Heil und Gnade ist.*

*D*er Postbote expediert an manchen Tagen die Briefe stapelweise. Und Luise bringt es nicht übers Herz, sie zwei, drei Tage liegen zu lassen. Sie liest sie sofort und entscheidet, gibt in Antworten Rat- und Vorschläge, und wenn die Entfernungen nicht zu weit sind, lässt sie sich auf eine Reise ein.

In jüngster Zeit sind ihr mehr Zweifel an manchen ihrer Entscheidungen gekommen. Tempus fugit – die Zeit flieht. Und wenn sie aus der Gegenwart entschwindet, erzeugt sie jetzt, in einer neuen Zukunft, neue Ideen, Meinungen und Ansichten. Viele Frauen wollen sich mit ihrer Rolle als Hausfrau und Mutter nicht mehr abfinden, streben nach Selbstständigkeit, nach Bildung und Berufen, weg von der Gleichförmigkeit des häuslichen Lebens. Eine frisch aufblühende Saat nennt man „Frauenbewegung". Das sind Hammerschläge gegen die alte, gottgewollte Ordnung. Die Kirche hat diese Ordnung verkündet und beruft sich auch weiter auf sie. Wie kann sie dann schädlich sein? Dass auch die Kirche fehlen kann, diesen Gedanken möchte Luise am liebsten nicht zulassen. Die Kirche kommt doch von Gott, und Gott ist ihr Führer und Lehrmeister. Und jene, die Gott zu ihren Führern bestellt, sind doch „von Gottes Gnaden" in dieses Amt gekommen.

Hier, in Wiedenbrück, hofft Luise Hensel, dass ihr wechselhaftes und unstetes Leben endlich zur Ruhe kommt. Sie erinnert sich, schon bei ihrem ersten Aufenthalt 1823 geschrieben zu haben: „Mir haben das Städtchen, das flache, aber freundliche Umgebungen und, was viel wichtiger ist, viele fromme und sittliche Einwohner und sehr gute Priester hat, von denen ich schon einige kannte, sehr gut gefallen." Dreißig Jahre später äußert sie sich Appolonia Diepenbrock gegenüber: „Ich habe die Kirche gegenüber, kann viel allein sein und billig leben. Das ist viel und ich bin des Wechselns so müde." Sie widmet sich weiterhin dem Krankendienst, denn dieses Gebot der Nächstenliebe bleibt unbestritten, sie versorgt auch die ländlichen Kirchengemeinden mit künstlerischem Kirchenschmuck und greift auch wieder mehr zu Bleistift und Tinte, um ihrer dichterischen Begabung Ausdruck zu verleihen.

Sorgen bereiten Luise die vielen alleingelassenen alten Menschen, während ihre Kinder das Land verlassen, um in der „Neuen Welt" neue Lebensbedingungen zu finden. Zunächst waren es vor allem verarmte Bauern, die verzweifelt, aber mutig genug waren, nach Amerika auszuwandern. Nach der gescheiterten Revolution von 1848 folgten viele Intellektuelle aus politischen Gründen, schließlich Handwerker und andere Berufsgruppen, die in Deutschland keine Möglichkeit mehr sahen, finanziell zu überleben. Was soll Luise den zurückgebliebenen Menschen sagen? Manchmal spürt sie, dass der Trost der Kirche nicht reicht, und ein Verweis auf ein jenseitiges Leben im Glück des Himmels erweckt Zweifel, die ein müdes Lächeln begleitet. Kümmert sich Gott überhaupt noch um seine Welt, oder überlässt er sie ihrem Schicksal mit all den unbeantworteten Fragen?

Die Menschen begegnen Luise stets freundlich. Wohin sie, die Ruhelose, auch reist, immer wieder tritt man ihr freundlich und aufmerksam entgegen, macht man sie auf seelische und körperliche Not aufmerksam, ohne zu bedenken, dass sie längst auch der Anteilnahme und Unterstützung bedurft hätte. Luise fühlt sich schwach. Und je schwächer sie wird, um so mehr sehnt sie sich nach einem Ort endgültiger Ruhe.

Im Sommer 1871 stirbt Luises Hauswirtin und Freundin Gertrud Schwenger, die Nichte des alten Kanonikus Schröder. Etwa zwanzig Jahre waren sie in Freud und Leid in der gemeinsamen Hauswirtschaft am Marktplatz geeint. Am Ende hat Luise sie wochenlang in ihrem Krankenbett gepflegt. Und traurig stellt sie in einem Brief an ihr „liebes, gutes Äppelchen" – Appolonia Diepenbrock – fest, dass sich „die Hügel alter Freunde mehren". Ihr alter Freund und Berater Pastor Hensing hatte sich schon 1864 alt und kränklich von Langenberg nach Wiedenbrück zurückgezogen, wo er bei den Barmherzigen Schwestern verschied. „Ich habe keine Magd, und mein Alter und die Gicht, wie andere Kümmerlichkeiten, machen mir alles so sehr schwer", resümiert sie später in einem Gruß an Appolonia Diepenbrock und beklagt, dass „ich von dem, was ich hätte tun müssen, fast gar nichts fertiggebracht habe". Luise denkt über eine neue letzte Bleibe nach, denn der Eigentümer will das Haus verkaufen. Das Johanneshospital in Bonn kommt nicht infrage, in Warendorf könnte sie im Spital ein kleines Zimmerchen bekommen, doch die Luft in der Kapelle ist zum Ersticken dunstig. Was ist mit Dülmen? Dort müsste sie erst vor Ort entscheiden, ob es eine Unterkunft gibt. „Wärst du nicht so fern", wendet Luise sich an ihr „Äppelken", würde sie die Reise nach Regensburg auf sich nehmen.

Nun kommt noch einmal Schwester Minna zu Besuch. Den Sommer verbringen sie beide in Haus Knippenburg bei Oberhausen, dem Landsitz ihrer treuen Antonie Devens. Im Herbst begleitet Luise ihre Schwester nach Köln, von dort will sie noch einmal ihre Freunde in Münster und Paderborn aufsuchen. Doch dann bleibt sie zunächst einmal in Ahlen hängen. In dieser münsterländischen Stadt an der Werse, wo eine Schwester ihrer Freundin Appolonia Diepenbrock lebt, reservieren ihr die Barmherzigen Schwestern zwei helle, luftige Zimmer mit der Aussicht auf Gärten und Felder. Am 23. Oktober 1872 notiert Luise: „Ich habe schon mehrmals wundervolle Abendröten gesehen; ich habe die Westseite in beiden Stuben, was mir lieb ist. Vom Sonnenaufgang habe ich aber auch meinen Teil, indem ich dann die Bäume der Gärten und

Baumgruppen hinter denselben vom reinsten Goldgelb bis zum flammenden Rot beleuchtet sehe …"

Doch die unruhige Seele Luise Hensel beginnt nach dem feuchten Winter, in dem sie kränkelt und die Ursache in den „ungünstigen Lokalverhältnissen und dem sehr ungesunden Wasser" ausmacht, ihr Augenmerk auf Paderborn zu richten. Sie besichtigt die neuen Lokalitäten und zieht im Juli 1873 um. Hier wirkt im von ihr ins Leben gerufenen Kloster der Schwestern der Christlichen Liebe ihre treue Schülerin Pauline von Mallinckrodt als Generaloberin. Der „Westphalenhof" wird zu ihrem letzten irdischen Domizil. Ihr Nachlass, Bücher, Bilder, Reliquien sind bereits an Ort und Stelle.

Der „Westphalenhof" war ursprünglich ein vornehmer Stadthof, um 1701 für die Grafen von Westphalen erbaut. Er gehörte zu den größten und repräsentativsten Gebäuden Paderborns und wurde gern als Absteigequartier genutzt. So übernachtete hier 1808 Jérôme Bonaparte, jüngster Bruder Napoleons und damals König von Westfalen. Als die Grafenfamilie das Haus nicht mehr benötigte, diente es zunächst als Gasthof, später nutzten es die Jesuiten bis zu ihrer Vertreibung 1872 während des Kulturkampfes. Aus dieser Zeit stammt auch die Josefskirche. Danach pachteten die Schwestern der Christlichen Liebe unter Pauline von Mallickrodt das Areal.

„Pauline von Mallickrodt, meine alte Schülerin von Aachen her" – schreibt Luise in einem Brief an Frau von Radowitz, „hatte mir angeboten, hier im Hause, aus welchem unsere braven, viel geschmähten Schwestern vertrieben sind, und das sie von dem nun heimgegangenen Wilderich von Ketteler gemietet hat, ein paar Zimmer zu nehmen, was ich mit Freuden getan habe, da die Pflege meiner letzten Tage hier wohl in besten Händen ist und ich auch zugleich die Freude habe, den guten Schwestern wenigstens eine kleine Einnahme durch

Miete und Kostgeld zu gewähren, während sie sich jetzt durch Handarbeiten ernähren müssen, da man sie überall aus ihren blühenden Schulen und Anstalten verwiesen hat als ‚staatsgefährlich'. Das Mutterhaus hat zu wenig Raum, und so war die Oberin gezwungen, dies große Haus zu mieten, wo sich auch manche der Schwestern noch für ferne Missionen bereit zu machen haben."

Luise Hensel erlebt die Folgen des „Kulturkampfes". Alle Ordenshäuser bis auf die der Krankenpflege werden geschlossen. Pauline von Mallinckrodt ist gezwungen, neue Niederlassungen in fernen Ländern zu gründen, Schwestern auszusenden, was vor allem in den USA begrüßt wird. Luise ist Patriotin, Verehrerin des Königshauses und versteht die politische Entwicklung nicht mehr recht. Doch tröstet sie, dass die katholische Bevölkerung weiter zur Kirche und ihrem Klerus hält.


*A*n manchen Abenden findet Pauline von Mallinckrodt den Weg zu ihrer früheren Lehrerin. Glücklich, sie in ihrer letzten Lebensphase um sich zu haben, nimmt sie auf einen Stuhl in Fensternähe Platz, während Luise Hensel stundenweise im großen Ohrensessel sitzt oder sich wegen der heftigen Schmerzen ins Bett zurückziehen muss. Auch in der Zeit, als sie ihre Mitschwestern nach Rotterdam zur Überfahrt in die Neue Welt begleitet, lässt Pauline es sich nicht nehmen, ihrem Ehrengast im „Westphalenhof" einen Besuch abzustatten.

„Du siehst müde aus", sagt Luise, und sie liefert auch gleich die Erklärung dafür. „Es ist ja nicht nur die Sorge um den Fortbestand der Kongregation, die dich hierzulande zermürbt, sondern auch die Ungewissheit, ob die Schwestern in Wilmette und Mendham in den USA so Fuß fassen, wie du es dir wünschst."

Pauline nickt, aber ihre Gedanken eilen in die Zukunft. Längst hat sie die Fühler nach Chile ausgestreckt, wo ihre Schwestern höchst willkommen sind.

Sie sagt: „Sie dürfen sich nicht um mich sorgen. Gott wird mir schon den rechten Weg weisen. Aber Sie sollten diese Tage genießen, soweit es die Schmerzen zulassen, und sich endlich ausruhen. Es waren zu viele Wege, die Sie beschritten haben."

„Wohl möglich. Aber doch nicht genug. Meinen eigentlichen Klosterwunsch konnte ich nicht erfüllen. Es kam zu viel dazwischen."

„So sehe ich das nicht, verehrte Mutter Hensel. Sie folgten den Spuren, die Gott Ihnen wies."

Die Kranke lächelt. Neben ihr auf der Sessellehne liegen Gebetbuch und Rosenkranz. Mehrmals am Tag gleiten die Perlen durch ihre Hände. Die Seiten im Buch sind abgegriffen. Zum Dichten kommt sie nur zeitweise. Dann aber fasst sie die Gedanken in Worte und vertraut sie dem Papier an. Auch Briefe wollen geschrieben werden, so mühevoll die Prozedur auch ist. Manchmal schmerzt die rechte Hand, sie verkrampft sich, dann nimmt sie die Hilfe einer Schwester in Anspruch.

Den Wunsch, das Grab Detmar von Mallinckrodts, Paulines Vater, aufzusuchen, trägt Luise schon lange im Herzen. Sie dankt diesem Mann, der als Protestant seine Kinder nach dem Willen seiner Frau Bernhardine katholisch heranwachsen ließ und deshalb zweimal von einer Beförderung ausgeschlossen wurde. Denn es ist Gesetz, dass preußische Beamte ihre Kinder nach Luthers Lehre erziehen müssen.

Böddeken ist Familienbesitz derer von Mallinckrodts. Hier hat Pauline seit 1839 nach dem Tod der Mutter, die an Cholera starb, mit ihrem Vater gelebt, ihm den Haushalt geführt. Hier, in unmittelbarer Nähe, befindet sich auch der Friedhof der Familie.

Es wird nicht einfach sein, die Kranke dorthin zu transportieren. Es muss liegend geschehen. Die Kutsche bietet die Vorrichtungen dazu nicht. Aber einer der kürzeren Erntewagen, der mit Decken und Kissen bestückt wird, kann die Aufgabe übernehmen. Es dauert seine Zeit, bis das Familiengut in einem Karsttal der Paderborner Hochfläche erreicht ist. Luise weiß, dass sie hier auf geweihten Boden trifft. Einst, um 836, entstand hier das älteste Kloster des Hochstiftes Paderborn, ein vom Diakon Meinolf gegründetes Frauenstift, nachdem er die Reliquien des hl. Liborius von Le Mans in die Bischofsstadt übertragen hatte.

Die Gräber unter den schattigen mächtigen Bäumen ziehen Luises Interesse auf sich. Hier schlafen die Mitglieder der Familie von Mallinckrodt der Auferstehung entgegen. Es ist ein friedlicher Ort, die Stille wird nur vom gelegentlichen Wiehern eines Pferdes und dem Blöken der Schafe, die an den Hängen weiden, unterbrochen. Die Luft ist klar, so recht erholsam im Vergleich zum Krankenzimmer im „Westphalenhof". Luise genießt die Stunden. Es kommt ihr vor, als verbringe sie hier eine kleine Ewigkeit, die sie erfrischt und dankbaren Mutes heimkehren lässt.

*A*m 5. September 1874 kommt Luise Hensel auf dem Gang zur Kapelle zu Fall und zieht sich einen Hüftgelenkbruch zu. Eine Operation ist unmöglich; die medizinische Entwicklung ist noch nicht so weit. Linderung schafft nur ein langes und dennoch schmerzliches Krankenlager. Sie ist von jetzt an ihr Zimmer gebannt. Als sich ihr Leiden herumspricht, wird für sie in den Klöstern und Häusern zu Aachen, Ahlen, Nonnenwerth, Bornhofen, Brinke gebetet, sogar Bittfahrten zu Gnadenorten werden abgehalten. Die Schwestern in Paderborn kümmern sich rührend um sie, meinen, sie habe nun ihr Fegefeuer bereits auf Erden und käme gleich auf direktem Weg ins himmlische Paradies. Es ist Luise unangenehm, dass sie nun gehoben und umgebettet werden muss und sie zur totalen Untätigkeit verpflichtet ist. Erst nach einem Vierteljahr kann sie begrenzt ihre gewohnte Schreibtätigkeit wieder aufnehmen. Von allen Seiten kommen Genesungswünsche, die sie geduldig beantwortet. Überhaupt entfaltet sie wieder ihre gewohnte Korrespondenz, die sie alsbald ermüden lässt und sie zu einer Hilfe beim Schreiben nötigt. Erst allmählich gewinnt sie alte Kräfte zurück und kann statt mit Bleistift mit Tinte schreiben. Allerdings glaubt sie nicht mehr, „dass ich noch auf einen Sessel wieder komme". Schmerzlich erlebt Luise, dass eine Schwesterngruppe nach der anderen Paderborn verlässt, um in Drittländern neue Niederlassungen zu gründen. Böhmen, Belgien, Nordamerika, Chile … Pauline von Mallinckrodt begleitet sie zur Überfahrt bis Rotterdam.

*W*ilhelm Hensel, der Maler, ist tot, aber er lebt noch im Gedächtnis bekannter Zeitgenossen. Theodor Fontane zum Beispiel würdigt ihn im letzten Kapitel seiner „Wanderungen durch die Mark Brandenburg" so: „Wilhelm Hensel gehörte ganz zu jener Gruppe märkischer Männer, an deren Spitze, als ausgeprägteste Type, der alte Schadow stand. Naturen, die man als doppellebig, als eine Verquickung von Derbheit und Schönheit, von Gamaschentum und Faltenwurf, von preußischem Militarismus und klassischem Idealismus ansehen kann. Die Seele griechisch, der Geist altenfritzisch, der Charakter märkisch. Dem Charakter entsprach dann meist auch die äußere Erscheinung. Das Eigentümliche dieser mehr und mehr aussterbenden

Schadow-Typen war, dass sich die Züge und Gegensätze ihres Charakters nebeneinander in Gleichkraft erhielten, während beispielsweise bei Schinkel und Winckelmann das Griechische über das Märkische beinah vollständig siegte. Bei Hensel blieb alles in Balance: Keines dieser heterogenen Elemente drückte oder beherrschte das andere und die Neu-uniformierung eines Garderegiments oder ein Witzwort des Professors Gans interessierten ihn ebenso lebhaft wie der Ankauf eines Raphael."

### *Will keine Blumen mehr*

*Die Sommerrosen blühen*
*und duften um mich her;*
*ich seh' sie all' verglühen,*
*will keine Blumen mehr.*

*Der Bruder mein tat ziehen*
*mit Königs stolzem Heer,*
*lässt einsam mich verblühen,*
*will keine Blumen mehr.*

*Die blanken Waffen sprühen*
*weit Funken um ihn her;*
*das Herz tut ihm erglühen,*
*will keine Blumen mehr.*

*Und Silbersterne blühen*
*um Helm und Brustschild her,*
*die blitzend ihn umziehen,*
*will keine Blumen mehr.*

*Die Sommerrosen glühen*
*und duften all' so sehr;*
*ich seh' sie all' verblühen,*
*will keine Blumen mehr.*

*D*ie Tage schmelzen dahin wie Schnee im Frühling. Ehe man sich versieht, sind zwölf Monate Geschichte. Dass es so viele Nöte auf der Welt gibt – wer kann sie vergessen? Wer kann sie achtlos beiseiteschieben, ohne ein schlechtes Gewissen zu haben? Luise Hensel hat zwei wache Augen. Sie ist durchdrungen von der Botschaft von der Nächstenliebe, entwachsen der ständigen Beschäftigung mit der Bibel, mit dem Neuen Testament. Was Jesus dort sagt, ist Aufruf, ist Auftrag, ist Verpflichtung. Gott sei Dank besitzt Luise einen Kreis Menschen, auf den sie sich verlassen und den sie ansprechen kann, wenn irgendwo die Not groß ist.

Manchmal kommen Briefe, die an frühere Zeiten in Berlin erinnern, die ihre Schönheit, ihre klugen Worte in den Salons über Jahre festgehalten haben. Mancher Verehrer ist darunter. In gelegentlichen Artikeln über sie stellt sie fest, dass man diese Zeit am liebsten verdrängt oder ausgelöscht hätte. Sie soll nur als Mensch bestehen bleiben, der die Unbilden der Zeit erkannt und sie bekämpft hat. Über diese Version ist Luise nicht glücklich, denn es wird ihr bewusst, dass dies nur die halbe Wahrheit ist. Was Wilhelm Müller ihr über seine Gefühle zu ihr anvertraut hat, hat sie nicht so treulos beiseitegeschoben, wie es die Chronisten später gern taten. Und auch die anderen, die sie umworben und sie gar mit Heiratsversprechen gelockt haben, sind von ihr nicht lieblos behandelt worden.

Clemens Brentano zum Beispiel war ganz aus der Rolle des um sie Werbenden herausgefallen. Zweimal geschieden, konnte keine körperliche Annäherung gestattet werden, bestenfalls eine Seelenfreundschaft, die ihre Schranken kannte. Zu verdeutlichen, dass sie ledig bleiben und sich einer Zeitströmung gemäß nur an Jesus binden wollte, ist Luise nicht immer leichtgefallen. Die Werbung mancher Männer bot Sicherheit, den der Himmel nicht gab. Und der Verzicht auf die Erfüllung der Wünsche kostete manchmal eine schmerzliche Überwindung.

Sie weiß, dass einige Personen, die ihr bekannt waren, den „Seelenführern" eine gewisse Schuld an der einseitigen Ausrichtung ihres Lebens gaben. Sie wollten mit aller Gewalt eine neue Heilige aus ihr machen, und in deren Lebenslauf hätte keine Liebesverbindung Platz gehabt. Ein flüchtiger Kuss konnte schon den Makel der Unreinheit mit sich bringen und bedeutete Abstriche vom Heiligenleben. Das alles war Luise bekannt, aber sie fügte sich, sie hielt an der gepriesenen Makellosigkeit eines keuschen Jungfrauenlebens fest und sah darüber ihre Schönheit dahinwelken.

Doch das stimmt nicht ganz. Auch in ihrem vermeintlich hohen Alter besitzt sie immer noch eine gefestigte Ausstrahlung, als hätten sich ihre Gesichtszüge ab einem bestimmten Zeitpunkt nicht mehr verändert.

### *Hinweg von ihr! Hinauf zu Dir!*

*Die Welt ist falsch; nur Du bist treu,*
*das tat ich oft gewahren;*
*so mach' von ihr mich los und frei,*
*dass ich zu Dir kann fahren.*

*Lass alles mich meiden*
*für Dich und mit Dir,*

*lass fröhlich mich scheiden,*
*was hab' ich an ihr?*

*Was ich versäumt, was ich gefehlt,*
*dir kann ich's nicht verhehlen;*
*was mich erfreut und was mich quält,*
*will ich Dir ganz befehlen.*

*Und willst Du mir Gaben*
*und Wünsche verleihn:*
*Dich selbst muss ich haben,*
*Dein selbst will ich sein.*

*Lass mich, dass Berg und Tal erschallt,*
*Dein Lob der Erde singen,*
*ein reines Herz, das feurig wallt,*
*zu Dir gen Himmel schwingen,*

*dass tief es empfinde,*
*wie Du mir so treu,*
*und streu' in die Winde*
*all glänzende Spreu.*

*Auf Deine Kraft hab' ich vertraut,*
*so lass im Kampf mich siegen,*
*lass mich als Deine sel'ge Braut*
*in Deine Arme fliegen.*

*O Gnade! O Fülle!*
*Wie liebt mich mein Freund:*
*Sein ewiger Wille*
*hat selbst uns vereint.*

*Und wollen meine Sünden Dich*
*von meinem Herzen drängen,*
*so will ich fest und fester mich*
*an Deinen Busen hängen.*

*Es muss ja die Liebe*
*der Liebe verzeihn,*
*und heilige Triebe*
*wirst Du mir verleihn.*
*Wo ist Dein goldnes Hochzeitshaus,*
*drin Du mich willst erwarten?*
*Wo sprosst mein weißer Rosenstrauß*
*in Deinem ew'gen Garten?*

*O, zeig' ihn von ferne*
*so leuchtend und schön,*
*dass jauchzend ich lerne*
*die Erde verschmäh'n!*

Auf ihr baldiges Ende vorbereitet, verfasst Luise Abschiedsbriefe, die aber erst nach ihrem Tode abgeschickt werden sollen. Als ihre Pflegetochter aus Köln bei ihr auftaucht, erwähnt die Todkranke, dass sie noch einen Platz auf dem Friedhof kaufen müsse. Diese Sorge nimmt ihr die Besucherin ab. Als sie von einem Ausflug zurückkommt, ruft sie begeistert: „Lieb Tantchen, Du bist Gutsbesitzerin geworden, ich habe dir dein Landgütchen gekauft."

1866 wurde der Ostfriedhof als erster kommunaler Friedhof in Paderborn eingeweiht. Bis heute steht er unter Denkmalschutz. Nur wenige Tage vor Weihnachten, am Morgen des 18. Dezember 1876 gegen 10 Uhr, entschläft Luise Hensel, begleitet von den Gebeten der kleinen versammelten Gemeinde um Pauline von Mallinckrodt und mit dem Segen des Priesters. Zwei Tage später bettet man ihre sterbliche Hülle auf dem Ostfriedhof zum immerwährenden Schlaf. Auf ihrem Grabstein steht:

*Müde bin ich, geht zur Ruh*
*sang ich in den Jugendtagen,*
*schließe beide Augen zu,*
*wird nun bald der Tod mir sagen.*
*Herr, mein Gott, das walte Du.*

*Schließe beide Augen zu*
*hat der Bräutigam gesprochen.*
*Komm, o Braut, was zagest du,*
*wenn das ird'sche Aug gebrochen*
*schaust Du mich in sel'ger Ruh.*

# Nachwort

Wer von **Luise Hensel** spricht, kennt sie als Autorin des viel-
gerühmten Gebetes und Liedes „Müde bin ich, geh zur Ruh",
das die Jahrhunderte überdauert hat und in manchen Häusern
noch heute gebetet wird oder zumindest bekannt ist. Damit
weiß man auch gleich die Dichterin einzuschätzen: Sie ist
fromm, unterrichtet junge Mädchen, pflegt Kranke, unterstützt Arme und entscheidet sich, von sogenannten Seelen-
führen wie dem Jesuiten Heinrich Wüsten beeinflusst, unverheiratet zu bleiben. Diesem Vorsatz ist Luise treu geblieben
in der Hoffnung, eines Tages eine eigene Ordensgemeinschaft
mit dem Ziel der Armenpflege und ewigen Anbetung gründen zu können. Es kam nie dazu, die Umstände führten sie
auf Wege, auf denen sie vermutlich mehr leisten konnte, als
nach den Regeln einer gottesfürchtigen Gemeinschaft zu leben. Ihre Korrespondenz weist sie als großartige Planerin und
Briefschreiberin aus.

Dass Franz Schubert sie als „die schöne Müllerin" in seinem
Liederzyklus verewigt hat, ist weniger bekannt. Der Dichter
Wilhelm Müller, der sie hoch verehrte, hat ihr diese Rolle in
seinem Singspiel zugedacht, zu dem Franz Schubert 1823
die Melodie schrieb und in dem der junge Johannes Brahms
den Klavierpart übernahm. Der berühmte Komponist Felix
Mendelssohn Bartholdy war Luises Schwager, seine Schwester
Fanny die Schwägerin, denn sie hatte Luises Bruder Wilhelm
Hensel geheiratet, der als Hofmaler der preußischen Königs-
familie zu hohen Ehren kam. Diesen Teil ihrer Familienge-
schichte streift Luise in ihren Briefen nur oberflächlich, die
keine Rückschlüsse auf die Harmonie mit- und untereinander
zulassen. Es geht Luise Hensel immer um Menschen in sozialen Nöten, in Krankheit, Armut und Einsamkeit. Um ihnen

zu helfen, nimmt sie viele Reisen zu unterschiedlichen Zielen auf sich, lernt viele bedeutende Männer und Frauen aus allen Gesellschaftsschichten kennen, bis sie am Ende ihres Lebens in Paderborn schließlich zur Ruhe, zur ewigen Ruhe, kommt.

\*

**Charlotte Bergengruen**, geb. Hensel (1896–1990), Gattin den bekannten aus Riga stammenden Schriftstellers und Dichters Werner Bergengruen (1892–1964), hat dem Autor dieses Buches manchen Zugang zu ihrem Gatten in seiner Baden-Badener Zeit geebnet und ihn nach seinem Tod gebeten, bei der Herausgabe eines Buches aus dem Nachlass ihres Mannes behilflich zu sein. In den 1970er Jahren kam sie zu einer Lesung nach Paderborn, wo der Autor inzwischen lebte, und zugleich, um dem Leben ihrer Vorfahrin Luise Hensel nachzuspüren. Neben dem Grab auf dem Ostfriedhof suchte sie das Luise-Hensel-Häuschen nahe der nach ihr benannten Straße auf und betrachtete das Brunnenbildnis am Bußdorfwall. Verwandt mit der Familie Mendelssohn war Charlotte Bergengruen als Halbjüdin während der nationalsozialistischen Zeit in Lebensgefahr.

## Literatur

Dr. Franz Binder: Luise Hensel. Ein Lebensbild nach gedruckten und ungedruckten Quellen, Zweite durchgesehene Auflage, Herdersche Verlagshandlung, Freiburg 1904.

Lieder von Luise Hensel. Vollständige Ausgabe. Auf Grund des handschriftlichen Nachlasses bearbeitet von Hermann

Cardauns. Druck und Verlag von Josef Habbel, Regensburg 1923.

Klaus Hohmann: Luise Hensel in ihrer Zeit – ein Lebensabriss, Morus-Verlag, Berlin 1998.

Barbara Strambolis: Luise Hensel (1798–1876) Frauenleben in historischen Umbruchzeiten, SH-Verlag, Köln 1999.

Barbara Beuys: „Blamieren mag ich mich nicht". Das Leben der Annette von Droste-Hülshoff, Hanser Verlag, München und Wien 1999.

Hermann Multhaupt: „Ich bitte nicht um Glück auf Erden". Mit der jugendlichen Freiin Annette von Droste-Hülshoff an der Weser, Eire Verlag, Salzkotten 2015 .

Günzel, Klaus: „Viele Gäste wünsch ich heut'mir zu meinem Tische". Goethe Besucher im Haus Frauenplan, Verlag Hermann Böhlaus Nachfolger, Weimar 1999.

Die Gartenlaube, Heft 13, S .218-2019, 1888: „Liszt in Berlin".

Die Zitate sind der modernen Schreibweise angepasst.